高等医学院校实践实验系列教材

U0813574

心理学实践与实验指导

主　编　张　媛　李　玮
副主编　韩艳萍　王炳元
编　者　陈　亮　成秀梅　杜夏华
吉宇波　乌日娜

北京大学医学出版社

XINLIXUE SHIJIAN YU SHIYAN ZHIDAO

图书在版编目（CIP）数据

心理学实践与实验指导 / 张媛，李玮主编—北京：
北京大学医学出版社，2015.11
高等医学院校实践实验系列教材
ISBN 978-7-5659-1176-7

Ⅰ.①心… Ⅱ.①张… ②李… Ⅲ.①心理学—医学院
校—教学参考资料 Ⅳ.① B84

中国版本图书馆 CIP 数据核字 (2015) 第 171197 号

心理学实践与实验指导

主　　编：张　媛　李　玮
出版发行：北京大学医学出版社
地　　址：（100191）北京市海淀区学院路 38 号　北京大学医学部院内
电　　话：发行部 010-82802230；图书邮购 010-82802495
网　　址：http：//www.pumpress.com.cn
E － mail：booksale@bjmu.edu.cn
印　　刷：北京京师印务有限公司
经　　销：新华书店
责任编辑：陈　奋　　**责任校对**：金彤文　　**责任印制**：李　啸
开　　本：787 mm × 1092 mm　1/16　**印张**：10.5　**字数**：266 千字
版　　次：2015 年 11 月第 1 版　2015 年 11 月第 1 次印刷
书　　号：ISBN 978-7-5659-1176-7
定　　价：32.00 元

前　言

毫无疑问，心理学实验（实践）是心理学研究科学性的重大来源，正如著名心理学史家波林（Edwin G.Boring，1886 — 1968）所言，一部心理学史，便是一部实验心理史。可以说，现代心理学的每一次重大发现，都离不开心理学实验研究方法的发展；心理学家的每一个科学理论的论断，都离不开心理学实验研究成果的支撑。

开展心理学实验（实践）教学，有助于学生理解心理学实验基本原理和方法，有助于学生能够切切实实掌握心理学实验设计和操作，提高学生心理学学习兴趣和实践操作能力。

本书是为已具备一定心理学基础知识的大学生学习心理学实验方法和操作所使用的心理学实践教材，同时又根据我校应用心理学专业特点、教学大纲要求及现有仪器设备条件，选择了与临床医学相关性较强的心理学实验（实践）项目，从而引领学生进入心理学科学研究大门，使学生不仅要学习前人实验研究的内容和逻辑，还要提高其独立开展实验研究的能力。为此，本书特意在每一章节之后，精心设计了本章节相关的思考问题，让学生在实践操作之余提升理论分析能力。本书适合医学院校应用心理学专业学生使用。

在教学实践中，目前尚缺乏系统阐述心理学实验（实践）指导的教材，现有的心理学实验教材多仅限于实验心理学理论层面。本书正是为了适应心理学实验（实践）的需要，结合我校大部分心理学专业课教师多年丰富的教学经验和前人的研究成果，对实验的内容、方法进行一定调整和改进编写而成，期望能为推动心理学实验（实践）教学的发展尽一分力。

最后，在本书完稿之际，衷心感谢参与编写工作的老师，感谢支持本书编写的领导和朋友。限于编者的水平，书中难免会出现疏漏之处，诚恳地希望读者批评斧正。

编　者

二〇一五年四月

目　录

第一部分　基础心理学实验

第二部分 心理测量与统计

第三部分 应用心理学实践

第一部分

基础心理学实验

第一章　普通心理学实验指导

本章选取了十个普通心理学实验，每一个实验作为一节教学内容。涉及了感知觉、记忆两大部分内容。十个普通心理学教学实验，目的在于加深学生对相应心理学理论知识的理解和巩固，并进一步培养学生对研究心理学问题的实践能力。

第一节　韦伯定律

一、目的

为了产生最小可觉差，一个刺激必须增加它本身数值的一个常定的分数，用数学式表示即为 $\Delta\Phi/\Phi=C$，其中 Φ 为原刺激量，$\Delta\Phi$ 为此时的差别阈限，C 为常数，这就是韦伯定律（Weber'sLaw）。这一关系式得出的数值称为韦伯分数（也称为韦伯常数或韦伯比率）。韦伯定律是通过差别阈值的研究而得出的。这一定律只是在中等强度的刺激时才保持。不同感觉的韦伯常数是不同的。本实验的目的是通过测量重量的差别阈限，加深对差别阈限的理解，并学习如何使用恒定刺激法。

二、仪器和材料

形状一样的圆柱体 7 个，分别重 101g，101 土 5g，101 土 10g，101 土 15g，一张白纸（遮眼用）（图 1-1）。

图 1–1　重量差别阈限测量实验材料

三、程序

1. 主试安排刺激呈现的顺序：将 7 个变异刺激各和标准刺激配成一对，每对比较 10 次，

5 次先呈现标准刺激，另外 5 次先呈现变异刺激。7 对刺激呈现的顺序和每对刺激中标准刺激和变异刺激呈现的顺序都按随机原则排列。

2. 被试坐在桌边，不可看比较和标准刺激，比较时将优势手的前臂放在桌上，用拇指和食指拿住圆柱的上端，轻轻向上提起，让圆柱离开桌面 0.5 秒，2 秒后放下，紧接着换第二个，两个刺激间的间隔不要超过 1 秒，两次比较间的间隔不要低于 5 秒。

3. 主试设置好比较刺激和标准刺激的前后，记录时要分清楚。主试指导语要说清楚，分清楚要求被试用第二个来比第一个，要求被试判断标准尽量保持一致。然后给被试以下指导语。

现在请你一对一对地比较圆柱体的重量，当你听到我把圆柱体放在桌上时，你就用刚才看到的方法轻轻地把它提起，注意当时的感觉，放下后也要尽量保持这个感觉。当拿着第二个圆柱的时候，就用你对第二个圆柱体的重量感觉和第一个的重量感觉进行比较。如果你觉得第二个比第一个轻些，就说轻；如果你觉得重些就说重；如果分不清就说相等。这样一共要比较几十次，每次比较后还必须做出判断，判断标准尽量前后一致，请注意，要用第二个圆柱体的重量去比第一圆柱体的重量，要你判断第一个比第二个轻、重，还是相等。

4. 主试要把圆柱体呈现给同一个位置上，被试的前臂在桌上的位置保持不变，主试可把位置用粉笔标出。

5. 按先前排好的顺序呈现刺激，每次被试做出轻、重、或相等的判断。要在记录表上相应的记下 -、=、+。每比较 10 次后适当休息 2 分钟，并让被试将手臂离开桌面自由活动一会儿。

6. 每次被试反应后主试都要及时将被试的反应结果填入实验结果记录表中（表 1-1）。

四、结果

1. 整理好记录，凡是标准刺激在后呈现时被试的判断转换成变异刺激比标准刺激的判断，将结果填入实验结果记录表，如先呈现 96g 然后 101g 被试报告说重，记为 +，整理时则要转换成 96g 比 101g 轻。

2. 分别统计每个变异刺激比标准刺激轻、重、和相等的次数。并列出相应的百分数，填入表 1-2 中。

3. 以变异刺激重量为横坐标，以反应变量重于、轻于和等于标准刺激的次数百分数为纵坐标，把所得的结果画出三条曲线图。

4. 用直线内插法分别根据图表求出重量差别阈限。

五、讨论

1. 根据本实验结果说明被试有没有时间误差，如有，它是否影响了测定的结果，为什么？

2. 在测定重量差别阈限时，用恒定刺激法比用最小变化法有什么优点和缺点？

3. 如果要检查重量差别阈限是否符合韦伯定律，除了利用本实验结果外，还应做什么补充实验？

表 1-1　实验结果记录表

呈现顺序	刺激（先）	刺激（后）	反应(+/-/=)	标准刺激后事 +/- 转换	呈现顺序	刺激（先）	刺激（后）	反应(+/-/=)	标准刺激后事 +/- 转换
1	101	106			36	91	101		
2	111	101			37	116	101		
3	101	101			38	101	91		
4	91	101			39	91	101		
5	101	111			40	101	86		
6	101	96			41	101	106		
7	101	96			42	86	101		
8	101	101			43	101	111		
9	96	101			44	101	116		
10	106	101			45	106	101		
11	116	101			46	101	86		
12	91	116			47	111	101		
13	101	106			48	101	116		
14	101	101			49	91	101		
15	96	101			50	101	101		
16	101	91			51	86	101		
17	101	111			52	101	101		
18	101	101			53	101	106		
19	86	101			54	101	101		
20	111	101			55	106	101		
21	101	101			56	86	101		
22	96	101			57	96	91		
23	111	101			58	101	86		
24	101	116			59	101	101		
25	101	101			60	106	101		
26	101	86			61	86	101		
27	101	111			62	96	101		
28	101	96			63	101	101		
29	106	101			64	101	96		
30	101	91			65	116	101		
31	116	101			66	101	91		
32	111	101			67	101	86		
33	86	101			68	101	106		
34	101	101			69	101	101		
35	101	116			70	110	96		

表 1-2　各重量与 101g 比较时的三种判断结果

变异刺激（g）	判断的次数（%）		
	（-）	（=）	（+）
116			
111			
106			
101			
96			
91			
86			

第二节　空虚视野效应

一、目的

视野中缺乏结构或空无一物的知觉现象，称为空虚视野效应（blank field effect）。例如我们看一个弥散的雾或透明的球，或飞机在白色云雾中飞行时，视野一片白色，人们会把这种无边界的完全同质的视场知觉为无结构、模糊和无方向的外部空间环境。空虚视野如果是有色的，那么注视时间较久之后，其颜色逐步消退，最后成为中性灰色或浅黑色，这种现象称为空虚视野色变。本实验的目的是通过演示来证实这种现象的存在。

二、仪器与材料

乒乓球数只，白色塑料汤匙，光源灯泡，滤色镜。

三、程序与结果

1. 被试拿一只乒乓球，一切为二，然后半个乒乓球的切开部分放在每只眼睛上。也可以用一只白色的塑料汤匙，将两个汤匙的盛物部分放在每只眼睛上作为随同的图形显示。

2. 眼睛先看远方的一个白光源，这时你的视野会被漫射的、无轮廓的光线所充斥，乒乓球、汤匙完全成了泡影，人眼在这时就产生了无差别的空间视野，即空虚视野效应。

3. 保留这种状态几分钟，然后用滤色片遮住光源，从而产生有色光源。此时，在被试的感觉体验上会发生变化，即产生颜色感觉。但是，过不久，被试就会发现，颜色褪为灰色，再过一会儿被试会突然觉得看不见了。这种缺乏视野轮廓、视力消退的现象就是空虚视野色变。

4. 空虚视野效应也可以因为增加视野中的轮廓部分而消失。例如，如果用一支铅笔穿过汤匙，因而制造了一个阴影，那么，随着轮廓的出现视力就马上恢复了。

四、讨论

1. 什么是空虚视野效应？在日常生活中你有过这类体验吗？

2. 研究空虚视野效应对于解释知觉图形的本质有何意义？

3. 通过演示，你体会到在什么条件下会出现这一现象，在什么条件下这一现象又会消失？

第三节　麦克洛效应

一、目的

麦克洛（Macollough）认为，视系统中的颜色通道与空间频率通道是彼此独立的通道，各自对颜色与形状做出独立的选择反应。但是，她的研究也发现了，通过颜色光栅适应后效的方向特异性，证实了人眼对颜色与形状的特殊复合也有选择性的反应。例如，在一个垂直光栅上放一红滤色片，而在一个水平天棚上放一蓝滤色片，人眼对这种不同方向、不同颜色光栅适应后，再看一白光栅，这时就会发现，白色光栅后像的性质将决定于光栅的方向，即垂直白光栅会得到蓝色后像，水平白光栅得到红色后像。本实验的目的是通过演示来证实麦克洛效应（Macollough effect）。

二、仪器与材料

光栅图形，红、蓝滤色片，记录纸。

三、程序

1. 主试在一个垂直光栅上放一红滤色片，被试看到的是一红色垂直光栅，同时在一个水平光栅上放一蓝色滤色片，被试看到的是一蓝色水平光栅。

2. 让被试对这两种不同方向、不同颜色的光栅图形适应 2～4 分钟。之后，要求被试回答："现在放在你面前的是一个白色的光栅，你从上面看到了什么颜色？"

3. 主试将白色光栅垂直地放置，看被试是否回答"在白色光栅上看到了蓝色"，于是主试将白色光栅水平地放置，看被试是否回答"在白色光栅上看到了红色"。

4. 为了验证白色光栅的后像的性质将决定于光栅的方向，再做一个检查变式试验。在一个垂直光栅上放一蓝滤色片，在一个水平光栅上放一红滤色片，同样适应 2～4 分钟，然后用白色光栅作检查，以观察对白色光栅的后像性质仍决定于光栅的方向，即垂直白光栅上得到红色的后像，而在水平白光栅上得到蓝色的后像。

四、结果

1. 归纳用垂直红光栅、水平蓝光栅时的被试的适应后效。
2. 归纳用垂直蓝光栅、水平红光栅时的被试的适应后效。

五、讨论

1. 什么是麦克洛效应？
2. 是否存在对颜色与方向的复合有特殊选择反应的颜色－方向特异性进线检测器？
3. 这一效应的理论意义何在？
4. 在实验中要注意哪些条件才能产生这一现象？
5. 在实验中是否发现个体差异？

第四节 大小常性

一、目的

根据视角定律，相同大小的对象，离眼愈近感到愈大，离眼愈远则感到愈小。但是，人眼在一定距离内感受到的大小并不依赖于视网膜上像的大小，也不随观视距离的变化而变化，而是趋向于按物体的实际大小来感受的，这就是大小知觉常性（size constancy）的现象。本实验的目的是学习测定大小常性的方法，比较在用单眼、双眼人工瞳孔观察时大小常性程度的变化。

二、仪器与材料

圆形硬纸盘19个（半径51～85mm，每个依次差别2mm，其中75mm要做两个），米尺，黑背景，遮眼罩（单眼），人工瞳孔，记录纸。

三、程序

1. 用调整法测定大小常性较合适。实验中的标准刺激为离被试一定距离用支架呈现的半径为75mm的圆形硬纸盘。匹配刺激为半径从51mm到85mm大小不等的圆形硬纸盘。要求被试先注视标准刺激，观察它的面积大小，然后在离被试明视距离（25cm）处，用最小变异法依次呈现匹配刺激，呈现的位置要偏左或偏右一些，不要与标准刺激圆在同一直线上。

2. 正式实验开始时，被试坐在椅子上，距被试约6.5米处挂黑色幕布。主试先要求被试看标准刺激，然后转移视线，看近处的圆形，然后报告比较的结果，近处的圆比远处的圆"大"或"小"或"相等"。

3. 用双眼比较不同距离的圆的大小，即先用上法将标准圆（半径为75mm）放在离被试1m、2m、3m、4m、5m、6m或7m处。每一距离做4次，共做24次，其中各距离递减与递增次数各半。先后次数各半，每做完8次后休息3分钟。

4. 用单眼比较不同距离的圆的大小，实验中分别用左、右眼按上法比较。用带眼罩方法实现一只眼观视。左、右眼各做24次，要求同上。

5. 左、右眼分别戴上人工瞳孔比较不同距离的圆的大小，其他方法全部同上。

6. 记录实验结果。

四、结果

1. 计算各种情况下的大小常性系数，其计算公式为：$K_B = (R-S)/(A-S)$

其中R为见到的图形形状，A为图形的实际形状，S为透视的形状，即完全没有常性时应有的结果。

2. 根据实验结果绘制出在单眼（左眼或右眼）、双眼和人工瞳孔观察条件下大小常性的表与图。

五、讨论

1. 根据实验结果分析单眼、双眼、人工瞳孔观视条件下大小常性的差别。

2. 为什么单、双眼观视时能保持完全的大小常性，而用人工瞳孔时则大小知觉的常性消失？

3. 根据实验情景，还有哪些因素影响大小常性？

4. 大小常性在实际生活中有哪些影响？

[**演示实验**] 把你的手臂伸直地抬起在你的面前，用眼睛盯着它，并把你的手靠近然后又离开你的脸，这样连续几次。尽管你在看见你的手时，其视网膜像比较小，但是可能也没觉察出在你的手运动时，其大小有什么变化。现在，先把左手示指放在你眼前可以看得见的20 厘米处，仔细凝视着它。然后，再把你的右手放在它的后面，眼睛仍然盯着示指尖，而右手则分别做朝着和背着你的脸的方向运动。你不仅不能让你的视线离开你的示指，而且还要设法留心，你的手在靠近你和远离你时的像。在这种场合的一瞬间，你就会突然发现，你的手大小发生了变化。当你伸直手臂时，你会觉察出它变小了，而当你把手靠近脸时，它却变大了。这简单的演示能让你体会到视网膜像的大小与距离的关系。一般来说，当我们正在注意某一物体时，由于随距离不同的视网膜像的大小的变化并未被觉察到，这样，大小常性的机制就被显示出来了。

第五节　视错觉

一、目的

从现象上看，人眼的不正确知觉称为视错觉（optical illusion）。视错觉分为长度错觉、方向错觉、大小错觉等。从本质上看，视错觉是人类视系统正常加工外界图像信息的结果，其中视系统中的光学成分、网膜成分、皮质成分、认识成分各起了不同的作用。本实验的目的是学会测量视错觉的方法，探索视错觉现象的基本规律。

二、仪器与材料

错觉调整仪一台，实验材料为缪勒－莱伊错觉图片。

三、程序

1. 调整好错觉调整仪。将错觉图片放在一块活动板上，作为呈现部分，其面积为11cm× 12cm，调节旋钮可带动活动板作上下运动，从仪器背后可读出活动板运动数值。被试经调整仪上的两个小孔可看清错觉图。

2. 采用调整法进行试验。被试端坐在调整仪正前方，目光平视，视角为 15°。将错觉图插入调整仪呈现给被试，要求他调节比较刺激，调到主观上认为同标准刺激长度相等时为止。一般情况下，将箭头向内的图形当作标准刺激，将箭头向外的图形当作比较刺激。

3. 主试记录下偏离标准点的距离，并用正负值表示偏上或偏下的运动方向，计算时则取绝对值。实验是在日光或日光灯照明条件下进行，亮度在 15 ~ 60 吸朗伯范围之间。

4. 要求被试在正常观视条件下分别调节 20 次。

5. 实验结果记在表中。

四、结果

1. 算出比较刺激被调整的位置的平均数，这就是主观相等点。

2. 算出常误，常误 = 主观相等点 − 标准刺激。

3. 算出各个调整位置的标准差，根据需要进一步求出机误，机误 =0.6745SD（标准差）

4. 将上述结果用缪勒 – 莱伊错觉调整结果示意图表示。指出其中缪勒 – 莱伊错觉的常误与定位分布的变差。图 1-2 缪勒 – 莱伊错觉中的常误与定位分布的变差。

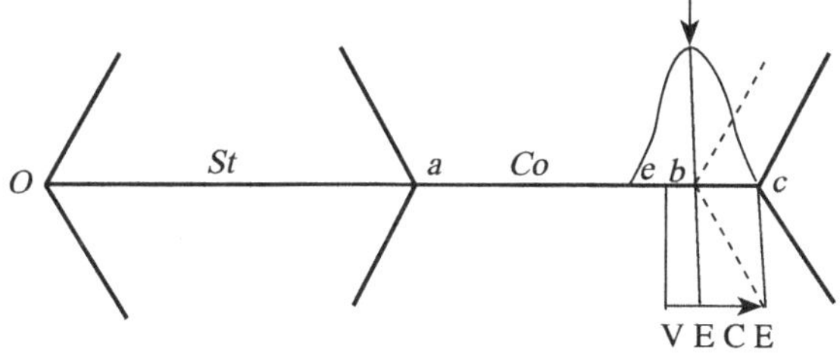

图 1–2　缪勒 – 莱伊错觉中的常误与定位分布的变差

五、讨论

1. 是否已学会视错觉量的测量与计算方法？

2. 视错觉量是否存在个体差异？

3. 用同一方法可否测定其他类似的视错觉？

4. 视错觉有何实验意义？

第六节　遗觉像

一、目的

有些儿童对看过的东西能够保持着一种几乎同照片一样清晰的视觉现象。例如，把他们看过的图画拿走后，他们好像“看见”那张图画仍然在眼前某个地方摆着一样，保留着形象的细节，具有一种“摄影记忆”，这就叫做遗觉像（eidetic image）。本实验的目的是采用叠置测验，探索儿童的视遗觉表象及其出现的频率。

二、仪器与材料

画面大小各为 16cm × 24cm 的黑白画三张，彩色画两张，两条平行横线图及折线或辐射线图各一张；两组不规则的圆点模式图各一张，大于图画面的灰色绒布或空白纸板一块；秒表与记录用纸。

三、程序

1. 使被试适应遗觉测验的步骤：在正式实验之前，先让被试进行三次颜色后像的观察。用实例向被试说明“还看见”但确定已“不在眼前”的东西是什么意思。并使被试得到练习描述在拿走刚看过的图画后还能“看得见”的图画形象的机会。

2. 图像描述测验：用三张黑白图和两张彩色图逐张地置于灰色绒布或空白纸板上，让被试随意地观看图画中的一切内容。每张观察时间为 30 ~ 60 秒不等。然后移走图画，让被试继续看着灰色绒布或空纸板并立即详细描述他还"看到"了什么。接着让他们按照视觉记忆表象叙述图像内容。主试用录音机或详细记录被试的描述。

此项分甲、乙两种。在甲种测验中，先让被试观察置于浅灰色绒布或空纸板上的一幅只有两条平行横线的图画。观察 1 分钟后，紧接着让他观察画有拆线或轴射线的图画，以便考察他们能否形成冯特错觉或黑林错觉。

在乙种测验中，有两组不规则的圆点模式。先让被试观察模式 A，1 分钟后紧接着让其观察模式 B，以考察他们能否复合成一个汉语拼音的声母或韵母。主试记录被试报告的观察结果。

鉴于遗觉表象一般在儿童身上出现，所以被试者以从小学低、中年级儿童中随机取样为宜。

四、结果

叠置测验所能形成的图像是被试事先无法猜测到的，因而能否通过叠置测验是鉴别遗觉像的主要指标。在甲种测验中，被试观察两条平行横线后，如果能复合成冯特错觉或黑林错觉（即看出两条相对称的曲线），即表明具有视遗觉表象。算出遗觉表象出现的频率。

五、讨论

1. 根据实验结果，分析遗觉表象与儿童过去经验、兴趣的关系。
2. 根据实验结果，说明遗觉表象与记忆表象的关系。

第七节　瞬时记忆

一、目的

瞬时记忆（immediate memory）是指感觉经验发生后，感觉信号在脑的感受区保留一个短暂时间的能力。这种信号只保留几百毫秒，在脑内作感觉信息加工之用，这是记忆过程的原初阶段。瞬时记忆有助于信息的累积，为人们感知事物的连续性提供了可能。本实验的目的是了解瞬时记忆现象及其性质。

二、仪器与材料

1. 速示器。
2. 由数字和英文字母组成并随机编有顺序号码的卡片 100 张（每张上写有数字和英文字母共 12 个，排列成 3 行，每行 4 个，共占面积 15mm × 15mm）。
3. 秒表、纸、笔。

三、程序

（一）预备实验

1. 把速示器放在向阳的地方，距离被试 25 厘米，与被试眼高同一水平。

2. 使被试熟悉实验条件，主试任取一张卡片装在速示器上。发出“预备”口令后让被试注视速示器的中心部分，2 秒后呈现卡片，每张呈现时间为 1 秒钟。要求被试立刻回忆并写出主试指定的三行中的任一行数字和字母。

3. 指导语：我现在用速示器给大家看一些卡片，每张上面都编排有三行数字和英文字母，你们要注意看速示器的中心部分，呈现卡片的时间很短，你们要尽快地看清楚每行的数字和字母，每张看过后，根据我们的要求立刻把三行中的一行写出来。例如我说 1，你们就把卡片上的第一行写出来；我说 3，你们就写第三行的；我说 2，你们就写出中间的一行。

4. 按上面 2 的要求，共练习 5 次后，再进行立刻部分报告法和延迟部分报告法的正式实验。

（二）立刻部分报告法的实验

1. 主试按照预备实验 2 的方法，并按事先随机编排好的顺序呈现卡片。

2. 要求被试写出 1 或 2 或 3 行的三种方式各做 10 次，每次呈现的卡片不同，并做 30 次。每做 10 次休息 2 分钟。

（三）延迟部分报告法的实验

1. 实验的基本方法与立刻部分报告法（1）相同。

2. 与立刻部分报告法的区别是每当一张卡片呈现 1 秒后，过 2 秒钟，主试再发出“1”或“2”或“3”的口令。三种方式各做 4 次，共做 12 次。

四、结果

1. 将被试每次写出的结果与卡片对照，统计出每次正确回忆的数字和字母个数。

2. 分别求出立刻报告法和延迟报告法的平均值以比较。

五、讨论

1. 根据实验结果，说明瞬时记忆的性质。

2. 试说明部分报告法的特点。

第八节　工作记忆

一、目的

工作记忆（short-term memory）是指对于几个字母、字、数目或其他信息作几秒钟或几分钟的一次性记忆。如临时查记一电话号码。工作记忆的容量是有限的，一般只能记到 7 位数字左右。工作记忆的特点是瞬时有效性，即在记忆新的内容时，原来记忆的内容就会忘掉。本实验的目的是学习使用记忆广度法，测定工作记忆的广度。

二、仪器与材料

1. 记忆鼓（图 1-3），幻灯投影仪，秒表。

2. 数字盘：5 ~ 13 位数字各 4 组。数字表；与数字盘上的数字相同，5 ~ 13 位数字各 4 组，用于记录。

3. 图形幻灯片 4 套，每套 10 张，每张上有一个图形。其中第 3 套与第 4 套图形相似。

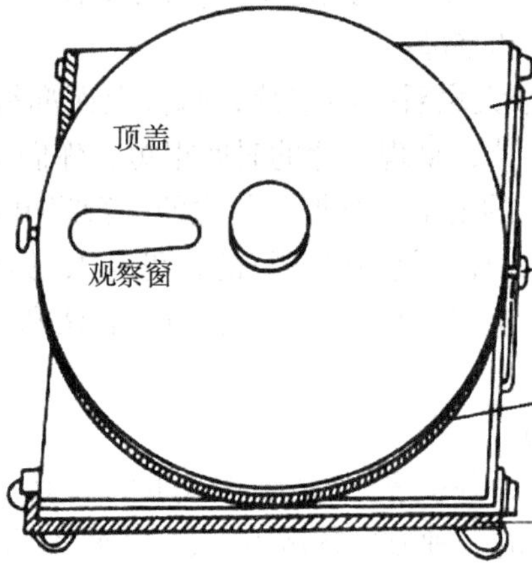

图 1-3 记忆鼓示意图

三、程序

1. 正式实验前，让被试练习使用记忆鼓。试验中采用记忆广度法，这是全部呈现法的一种变式。此法是将长度不同的数字、字母或词列一次全部呈现给被试者。被试的记忆广度是在一次呈现的条件下，能够正确记忆的最长系列。本实验中刺激呈现的时间为 1 秒，被试坐在记忆鼓前 25cm 处，以便清晰地看清显示部分。

2. 实验开始，主试把一个 5 位数字盘放在记忆鼓上，按每个数字呈现 1 秒钟的速度呈现完毕后，立刻要求被试按数字呈现时的顺序背诵出来。主试用数字表核对，并记下“对”或“错”。接着用同法呈现其他三组 5 位数字。在 4 组 5 位数字中，答对两组以上就算通过。

3. 用上法将 6 位、7 位、8 位……数字组依次进行实验，直至某种长度的数字序列连续两次不能通过为止。

4. 用再认法进一步检查工作记忆中的记忆材料的保持量。在实验中要等量地呈现识记过的和没有识记过的单元，并以随机系列来呈现。实验中要求被试者将识记过的和没有识记过的材料区别开来。具体做法是：主试用幻灯机将第一套 10 张图片按每张 1 秒的速度呈现给被试看一遍。然后主试把第一套和第二套共 20 张图片掺和在一起，仍用幻灯机按每张 1 秒的速度依次呈现给被试。要求被试每看过一张图片后，立即报告这张图片刚才是否看过，并记下答案“是”或“否”。

5. 主试把第三套 10 张图片放进幻灯机，按每张 1 秒的速度呈现给被试看一遍。再把第三与第四两套相似的图片共 20 张掺和在一起，按第一和第二套掺和呈现的方法进行实验。

四、结果

1. 分别统计每个被试的记忆广度（即最后通过的数字序列的长度）。

2. 按公式分别计算每个被试对图形再认的保持量。

五、讨论

1. 根据被试的记忆广度，说明工作记忆的特点。
2. 比较被试的记忆广度，分析个别差异。
3. 分析记忆材料的相似程度在工作记忆中对再认的影响。

第九节 机械记忆

一、目的

学习材料本身缺乏意义联系，或者学习者不了解材料的意义，不理解其间的内在联系，单靠反复背诵达到记忆，这叫机械记忆（rote memory）。有无意义材料的记忆会明显地影响到学习曲线的各种参数，如学习所需时间、重复次数等。本实验拟测验对数字的机械记忆的特征。

二、仪器与材料

1. 录音机，投影仪，秒表。
2. 分别写在投影仪特制胶片上的两位数字表若干张，每张上有 12 个两位数。书写的数字要粗笔画、清晰，不打标点。不用 10、20、30……及 11、22、33……这类的两位数，而用从 12 到 98 的其他任何两位数。可供采用的两位数如下：

64	28	93	57	87	68	46	37	39	52	74	49
73	67	91	43	81	62	32	27	53	85	17	94
54	95	71	58	35	82	61	47	97	21	19	34

三、程序

（一）实验中采用全部呈现法

即把全部材料在一定时间内呈现给被试者学习，然后，看被试者在确定的时间内能记忆多少单元，即得到最后一次的回忆量度。

（二）先用听觉呈现方式进行试验

1. 指导语：我要用录音机播放 12 个两位数。你要注意听并尽量记住，但不能用笔记下来。当播完以后，你要立刻在答案纸上以任何顺序尽量写出你所记住的两位数。预备，注意。
2. 主试播放事先录制好的磁带，30 秒钟内播完 12 个两位数。
3. 让被试立刻写出听过的两位数。

（三）再用视觉呈现方式进行试验

1. 指导语：我要用投影仪给你看 10 个两位数，你看的时候要尽量记住它们。看过之后，要立刻以任意顺序在答案纸上尽量写出看见过的两位数。预备，注意。
2. 主试用投影仪放映出 10 个两位数，时限 30 秒。
3. 让被试立刻写出看过的两位数。

（四）听觉与视觉呈现实验

均可做重复实验，以检查达到全部记住所需要重复的次数。

四、结果

1. 统计在听觉和视觉呈现一次后，被试正确再现的两位数个数。
2. 统计听觉和视觉达到完全正确再现所需重复次数。
3. 用公式计算机械识记中的记忆的保持量。
4. 对听、视觉呈现上述几项数据加以比较。

五、讨论

1. 根据实验结果，比较听、视觉所表现出来的机械识记效果。
2. 根据实验结果的 1 与 2 项数据，分析机械识记表现出的个别差异。

第十节 遗忘曲线

一、目的

随着时间的推移，保持减弱的现象称为遗忘（forgetting）。保持与遗忘是一个问题的两个方面：保持量多，遗忘就少；遗忘多则保持量少。识记后在记忆中保持与遗忘的数量是很难直接测量的。一般是通过再认和再现的方式引起回忆，从回忆量来推算保持量的。用不同方法所获得的保持与遗忘量是不同的。艾宾浩斯使用无意义音节，使两个成分之间的联想消除，从而在记忆实验中达到了控制变量、使变量单一化的目的。他的经典实验得出了著名的遗忘曲线。这一曲线可表征为：当时间用对数形式表示时，保持量是与时间的对数成反比的，即时间间隔愈长，则保持量愈少；反之，遗忘量则是同时间的对数成正比，即时间间隔愈长，则遗忘量增加。用通俗的语言表达，即识记后的短时间内遗忘量急剧增加，随着时间的进展，遗忘的发展也就缓慢了。本实验是通过研究视听通道识记英文字母的效率来验证艾宾浩斯的遗忘曲线。

二、仪器与材料

录音机一台，速示器一台，定时器两台，显示器，反应键，记录纸等。

实验材料直接采用艾宾浩斯的无意义音节表，随机地抽取，并随机地分组。下述无意义音节的联想值也是经过测定的，其定标的方法是用速示器以一定的时间（2 秒）呈现一个音节给被试，令他报告他所暗示的联想或意义，根据若干被试者对各音节所报告的意义的次数来测定其有意义或无意义的程度，用百分值表示联想值。本实验中所有无意义音节的联想值都在 20% ~30% 之间。

具体无意义音节材料为：

预备实验组：QUN HIF AOE CAJ BIY

短时记忆组：视觉呈现：YUC ZIN QOM LEQ TAJ

听觉呈现：RIY KEB JAC QUD LOH

长时记忆组：视觉呈现：DAK VUS YOF WIK ZEQ

听觉呈现：LEX NOC MIH BAY DUS

工作记忆实验还须 30 个三位数的数字作为实验辅助材料。音节统一用印刷体抄在卡片或转盘纸上。

三、程序

1. 先进行工作记忆的准备实验。被试离速示器 2 米的地方做好准备。速示器向被试呈现一个无意义音节，2 秒钟后速示器中灯光消失，即不再能看到音节。与此同时，数字显示器向被试显示数字，要求被试读出所看到的数字，并按节拍器的速度倒数数字，每次减 3，一直数到灯光消失，即不再能看到数字为止。然后，在记录纸上写下所看到的无意义音节。

2. 在将准备实验组中的五个音节完成后，就进入正式实验。在实验中从字母呈现到回忆字母之间间隔分别为 6 秒、18 秒、30 秒、42 秒与 54 秒五种。在每组实验中，这一时间间隔是随机出现的。先进行视觉呈现，随后进行听觉呈现的记忆实验。

3. 工作记忆试验后进行长时记忆实验。向被试连续地以 2 秒钟呈现，2 秒钟间隔的方式呈现一组音节，一遍后要被试努力回忆，回忆不出，再第二次向他呈现这组音节，一直到被试能背出为止。休息 5 分钟，再进行下一组实验。方法与此相同。

4. 实验结束后，还要进行两次检查。第一次是在学习的三个小时后，第二次是在学习的三天后。检查时让被试写下还能记得的音节即可，不要求分组写出。同样先进行视觉呈现，后进行听觉呈现的记忆实验。

四、结果

1. 统计出视觉呈现无意义音节时，不同时间间隔下正确识记的百分数、遗忘的百分数，并用图、表列出。

2. 统计出听觉呈现无意义音节时，不同时间间隔下正确识记的百分数、遗忘的百分数，并用图、表列出。

3. 对不同方式（视觉与听觉）呈现无意义音节的识记与遗忘率的差别进行差异显著性的检验。

4. 统计出长时记忆时，不同时间间隔（3 小时与 3 天）下正确识记与遗忘的百分数，并用图、表列出。

5. 将上述结果汇总，将时间化为对数形式，从而得出在不同呈现方式下的保持曲线与遗忘曲线。

五、讨论

1. 分析用上述实验方式得出的遗忘曲线与艾宾浩斯的经典实验曲线有何异同。

2. 分析用视觉呈现与听觉呈现两种方式时，其识记效果的差异。

3. 本实验中得出的遗忘曲线有何特征？

（李　玮）

第二章　认知心理学实验指导

工作记忆是最重要的认知过程之一，自从人们发现这种心理现象后就一直受到心理学研究者的重视。其中工作记忆信息编码方式实验和工作记忆范畴效应实验是工作记忆研究的经典实验，同时也是认知心理学中代表性较高的实验。通过这两个代表性的实验，使学生初步掌握认知心理学实验研究的基本方法，了解实验设计的基本原则，巩固认知心理学基础知识。工作记忆信息编码方式实验主要介绍工作记忆信息编码方式的基本原理、实质和实验的目的。此外，还介绍了工作记忆信息编码方式实验的方法、环境、程序与讨论。工作记忆范畴效应实验主要介绍工作记忆范畴效应的基本原理、实质以及实验目的。同时还介绍了实验方法、实验环境、实验程序和实验结果与讨论。

第一节　工作记忆信息编码方式实验

一、实验目的

工作记忆信息编码（working memory information encoding）是指在工作记忆中，信息是以什么形式保持或储存的。所谓编码就是对信息加以心理表征的方式。Conrad（1964）提出在工作记忆中存在听觉编码，后来 Posner（1969）、Wickens（1963）相继提出工作记忆中也存在视觉编码和语义编码。后来，理论界一致认为，在工作记忆中以听觉编码为主。得出上述结论的实验选用的实验材料是英文字母。我国学者莫雷（1986）以汉字为实验材料，对工作记忆的编码方式进行研究。研究结果表明，汉字在总体上是以视觉编码为主，且各类型汉字的工作记忆编码方式也有差别。究其原因，因为汉字作为一种象形文字，在总体上会有利于视觉编码。并且，由于汉字内部也可以区分出相对有利于视觉编码、语义编码和听觉编码的情境，因此，工作记忆可以根据不同的情境灵活的变换编码方式。

本实验的目的是帮助学生了解工作记忆信息编码方式实验研究的实际操作，明确在工作记忆中，多种编码方式并存，而且根据不同的情境灵活地变换着编码方式。

二、实验方法

仪器法。

三、实验环境及要求

1. 实验室。
2. 全班同学分组。
3. 仪器及材料。

（1）速示器。
（2）节拍器。
（3）计算机。

（4）实验材料：三种类型汉字。类型一的标准刺激是 7 个意义较具体常用且字形较复杂（8 画以上）的汉字，如① 屋；② 种；③ 图；④ 盲；⑤ 惊；⑥ 贫；⑦ 偷。类型二的标准刺激是 7 个意义较不常用，但字形较简单（8 画以下）的汉字，如①斥；②污；③图；④迁；⑤寺；⑥屈；⑦闭。类型三的标准刺激是 7 个意义较不常用且字形较复杂的汉字，如①盗；②畏；③赴；④集；⑤屠；⑥旋；⑦耻。每组类型材料除 7 个标准刺激外，还包括三组再认项目，每组 42 个。类型一的再认项目分为三组：第一组：房、法、植、种、穷、屋、窃、盲、偷、图、贫、惊、恐、画；第二组：层、育、和、种、贪、屋、愉、盲、偷、图、贫、惊、恐、图；第三组：乌、茫、重、种、瓶、屋、投、盲、偷、图、贫、惊、恐、涂。类型二的再认项目分为三组：第一组：寺、歹、脏、庙、搬、骂、迁、屈、关、污、坏、闭、斥、弯；第二组：寺、歹、亏、夺、过、斤、迁、屈、闲、污、夕、闭、斥、屉；第三组：寺、歹、屋、字、签、翅、迁、屈、必、污、逮、闭、斥、区。类型三的再认项目分为三组：第一组：赴、旋、贼、聚、盗、屠、去、怕、集、宰、羞、耻、畏、转；第二组：赴、旋、盐、焦、盗、屠、赳、界、染、屑、联、耻、畏、施；第三组：赴、旋、道、极、盗、屠、富、味、集、图、齿、耻、畏、悬。

四、实验程序

（一）测前准备

首先发给每位同学一张记录纸，通过指导语向其说明具体的做法。内容如下："我马上要同时呈现 6～8 个字，只让你们看三秒钟，你们要尽快将它们全部记住。然后我再逐个地让你们看一些字，并同时报出它们的顺序号码。这些字中有的是你原来看见过的，有些则不是，但原来看过的字都会出现在里面。你们要尽快地作判断，如果是原来出现过的，就在记录纸相应的号码上画一个圈，如果不是呈现过的就不必管它。注意，一定要快，因为每个字呈现的时间很短，容不得你思考太长时间。"

（二）测试开始

每类材料分三批呈现，将各类型材料的识记项目随机分为三个单元，每个单元的识记项目及相应的再认项目的次序也随机排列，且每组被试只做一种类型材料。具体步骤如下：

1. 用速视器同时呈现识记项目（7 个），用节拍器控制呈现项目的间隔，时间为三秒。

2. 间隔两秒后即逐个呈现再认项目（14 个），呈现时间各为 1 秒，间隔为 1 秒。

3. 待第一个单元的再认项目全部呈现完毕后，休息 1 分钟。接着依次呈现第二单元、第三单元的项目，呈现方式同上。

五、实验结果

统计三个小组工作记忆的错误率，如果识记项目与再认项目因为外形相似而导致再认错误，则认为被试的编码方式是视觉编码；如果识记项目与再认项目因为发音相似而导致再认错误，则认为被试的编码方式是听觉编码；如果识记项目与再认项目因为意义相似而导致再认错误，则认为被试的编码方式是语义编码。

六、讨论

1. 工作记忆信息编码方式的类型有哪些？

2. 汉字的工作记忆信息编码方式与英文字母的不同之处。
3. 不同类型汉字的信息编码方式的不同之处。

第二节 工作记忆范畴效应实验

一、实验目的

范畴效应也称选择性搜索（category effect），是指被试在项目再认测验中不是把探测词与识记字表中的所有项目一一加以比较，而是按照一定的特征将项目分组组织起来，只搜索与探测词属同一类别的项目。国外研究发现，被试对双范畴字表的再认反应时小于单范畴字表。如果将字表内的范畴数量增加至 3 个或 4 个，反应时随着范畴数的增加而相应减少。因此，可推想双范畴或三范畴、四范畴字表只选择与探测词属于同一语义范畴的字词进行搜索，即有范畴效应。上述研究采用英语字表作为研究材料。我国学者采用斯滕伯格的变化字表法以汉语双字词为材料研究工作记忆中单、双范畴字表的信息提取，均未发现双范畴字表提取的反应时小于单范畴字表的范畴效应。但双范畴字表的准确率均高于单范畴字表。这说明工作记忆的范畴效应也可以表现在提取的准确率上。

本实验目的是帮助学生了解汉字工作记忆范畴效应的实际操作，明确工作记忆的范畴效应不仅可以表现在信息提取的反应时上，也可以表现在信息提取的准确率上。

二、实验方法

仪器法。

三、实验环境及要求

1. 实验室：实验过程中环境、照明保持恒定。
2. 全班同学分组。
3. 仪器及材料：
（1）计算机。
（2）蜂鸣器。
（3）实验材料：常用汉语双字具体名词 254 个，分属 16 个语义范畴，均属高频词，频率在百万分之二至百万分之十六之间。16个语义范畴分别是：职业，亲属，人体部位，蔬菜，花名，水果，地理名词，鸟类，农作物，运动项目，昆虫，疾病，哺乳动物，食品，国名，中国城市名。相似的范畴（如国名与城市名、鸟类与哺乳动物等）不出现于同一双范畴字表之中。字词举例如下：亲属：母亲、儿子；人体部位：肩膀、膝盖；食品：面包、饼干；运动项目：足球、武术；水果：苹果、香蕉；职业：教师、医生；地理名词：山脉、海洋；中国城市：上海、西安；昆虫：蚂蚁、蚊子。用这些字词基本上随机地编制两种字表，其中单范畴字表由同一语义范畴的字词组成，双范畴字表由属于两个语义范畴的字词组成，每个范畴的词各占一半，且同一范畴的词放在一起。字表长度有六种：2，4，6，8，10，12，总数为 1408 个，各字表均不相同，每个字表内部也没有重复项目。

四、实验程序

（一）测前准备

1. 计算机的屏幕背景设置为绿色，字符为白色，屏幕的亮度和对比度保持恒定。

2. 被试坐在距屏幕 50 厘米处，平视屏幕。

（二）正式测试

1. 主试朗读指导语：请把左、右手示指分别放在“Z”“/”键上，眼睛注视屏幕。请记住“!”之后相继呈现的一串词。这串词呈现完后，屏幕上会出现一个“?”，随后再呈现一个词。如果这个词在前面那串词中出现过，就右手按键，反之则左手按键。请在保证准确的前提下尽量快地反应。

2. 实验开始

（1）呈现预备信号：蜂鸣器响一声，屏幕中央偏左上方出现一个“!”。

（2）呈现单范畴字表：1 秒后“!”消失，其位置的右下方及时呈现字表中的各个词，每次一个，停留 1 秒，前后两词的间隔为 600 毫秒。

（3）呈现探测词：字表全部呈现完毕，蜂鸣器响一声，原“!”处出现一个“! ”，提醒被试探测词将要出现。1.5 秒后“?”消失，其右下方出现探测词。

（4）被试反应：被试认为探测词在字表中出现过就按 YES 反应键，否则按 NO 反应键。被试按键的同时探测词消失，计算机记录反应时和反应的正误。

（5）休息 30 秒后，呈现下一个长度字表，各长度字表的实验顺序随机排列。

（6）待单范畴所有字表呈现完毕后，休息 3 分钟，接着呈现双范畴字表，程序同上。

五、结果

统计每个小组完成项目再认的反应时和正确率，并比较单、双范畴字表的反应时。如果反应时接近或相等，那么单、双范畴字表的信息提取没表现出范畴效应；如果双范畴字表的准确率高于单范畴字表，则表现出了范畴效应。

六、讨论

1. 在工作记忆信息提取过程中，英文字母的范畴效应的特点。

2. 在工作记忆信息提取过程中，汉字的范畴效应的特点。

3. 英文字母的范畴效应与汉字的范畴效应不同的原因。

（韩艳萍）

第三章　实验心理学实验指导

第一节　绝对感觉阈限的测定

一、目的

测定手心触压觉两点阈，学习使用最小变化法。

二、器材

JGW-B 心理实验台操作箱单元，两点阈测量计。

三、步骤

1. 主试事先拟好实验顺序。刺激的两点距离从 0 ~ 10 毫米，渐增系列和渐减系列的起点应略有变化，并对被试保密。

2. 被试、主试先练习实验 5 次，被试坐在心理实验台被试位置，将左手伸入操作箱套袖式测试口，手心向上平放在测试板面上，主试用两点阈测量计的两脚沿身体纵向（即手指方向）垂直地、轻轻地（皮肤变形要小，以被试能明确感觉到触觉刺激为准）同时落在被试的手心上，并且两脚对皮肤的压力相等，被试若明确感到是两点接触皮肤，就报告“两点”，否则就报告“一点”（练习结果不记录）。

3. 正式实验，主试按事先拟好的刺激系列的顺序呈现刺激，若被试反应为“一点”则在记录表上记“-”，“两点”则记“+”。要求每一系列都得到被试“一点”和“两点”这样两种报告，即做渐增系列时，当被试第一次报告“两点”，做渐减系列时被试第一次报告“一点”之后，此系列方可停止，然后进行下一系列。

4. 主试在刺激前约 1.5 秒发出“预备”口令，两点阈测量计接触皮肤时间保持 2 秒钟，每两次刺激之间的间隔时间不得少于 5 秒钟。

5. 被试仅做两种报告，“两点”和“一点”，“一点”包含分不清是“两点”还是“一点”的情况，被试判断标准应前后一致，测试中实验结果不要告诉被试。

6. 每两系列测完后，休息 2 分钟（可以开始另一被试）。

四、结果

计算个人手心触压觉两点的绝对感觉阈限，并求出本组两点阈的平均值。

五、讨论

有人说我们测得的两点感觉阈限是差别阈限对吗？为什么？

第二节　恒定刺激法

一、目的

通过测定重量差别阈限，学习恒定刺激法。

二、器材

JGW-B 心理实验台操作箱，高 5cm 直径 4cm 的圆柱体一套共 8 个，其中 100g 两个，88g，92g，96g，104g，108g，112g 各一个。

三、步骤

1. 排出各对刺激呈现的顺序：将 7 个变异刺激（包括 100g 的一个）各与标准刺激（100g）配成一对，每对比较 10 次，为了消除顺序误差，10 次中有 5 次先呈现标准刺激，另 5 次先呈现变异刺激。全套重量共比较 70 次。对刺激呈现的顺序，以及每对刺激中标准刺激先呈现和后呈现都按随机原则排列。

2. 被试坐在实验台被试侧，右手伸入实验台中部操作箱套袖式测试口，主试用粉笔在测试面上放刺激物处标出位置，为了要让被试的前臂在被试侧桌面上的位置保持不变，也应将被试前臂接触桌面的位置用粉笔标出来，以便休息后仍可回到原处。

3. 实验开始时要向被试做示范操作：被试用右手的拇指和示指拿住圆柱体慢慢上举，使它离开测试面 2cm，2 秒后就放下（这时胳膊肘不要离开桌面），当被试放下第一个重量后，主试立即插上第二个重量。呈现两个刺激的时间间隔最好不要超过 1 秒，以免被试的第一个质量感觉消退。二次比较至少间隔 5 秒，以免各次感觉互相干扰，主试呈现刺激时，切莫让圆柱体碰被试的手。

4. 实验开始，主试给被试以下指示语："现在请你一对一对地比较圆柱体的重量。当你听到我把圆柱体放在测试面上时，你就用刚才要求的方法轻轻地把它提起，注意这时的重量感觉，放下后也要尽量保持住这个感觉。当拿起第二个圆柱体时，就用你对第二个圆柱体的重量感觉与第一个的重量感觉进行比较，如果你觉得第二个比第一个轻些就说"轻"；如果你觉得重些就说"重"；如果分不清轻重就说"相等"，这样一共要比较几十次，每次比较后必须做出判断，判断的标准要尽量前后一致。请注意要用第二个圆柱体的重量去比第一个圆柱体的重量，要你判断，第二个比第一个是轻、重、还是相等。

5. 按照排好的顺序呈现刺激，每次被试做出轻、重、或是相等的判断，要在记录表的相应位置记下"－""+"或"="，每比较 10 次后休息 2 分钟。

6. 换一被试仍按上述程序进行实验。

四、结果

1. 整理记录，把凡是标准刺激在后呈现的，被试判断转换成变异刺激比标准刺激的判断。例如：先呈现 88g 后呈现 100g，被试报告说重记为"+"，整理时则要转换成"–"。

2. 分别统计每个变异刺激比较标准刺激轻、重和相等的次数，并列出相应的百分数、列成表格。

3. 以变异刺激的重量为横坐标，以反映各变量刺激重于、轻于和等于标准刺激的次数百分数为纵坐标，把所得结果画成三条曲线。

4. 用直线内插法分别根据图表求出重量差别阈限（DL）。

5. 用同法求出第二个被试的重量差别阈限。

五、讨论

1. 用恒定刺激法测定差别阈限有什么特点？

2. 你的实验结果是否符合韦伯定律？为什么？

第三节　信号检测法（有无法）

一、目的

经过重量辨别，学习信号检测法实验的有无法。

二、器材

JGW-B 心理实验台操作箱，100 克、104 克、108 克和 112 克的重量各一个。

三、步骤

1. 准备工作

（1）把 104 克、108 克和 112 克的重量分别和 100 克的重量比较 10 次，选出一个在十次比较中 7 次或 8 次觉得比 100 克重的重量作为信号刺激。100 克的重量作为噪声。

（2）主试按下三种不同的 SN 和 N 出现的概率安排实验顺序。

	（1）	（2）	（3）
P（SN）	20	50	80
P（N）	80	50	20

每种先定概率做 100 次，其中先后各 50 次。

50 次中信号和噪声出现的顺序按随机原则排列，并列表如下：

	50		20		80		80		50		20	
	SN	N	SN	N	SN	N	SN	N	SN	N	SN	N
1												
2												
3												
.												
.												
.												
50												

2. 正式实验

（1）在每 50 次实验开始前，先让被试熟悉一下信号和噪声的区别，并告诉被试在这 50 次中信号出现的概率。

（2）按主试安排好的顺序呈现刺激，哪一次呈现信号，哪一次呈现噪声，务必搞清楚。两次呈现刺激的时间间隔至少 3 秒，千万不要为了赶进度而连续不断地呈现刺激。

（3）被试右手伸入心理实验台被试侧中部操作箱，套袖式测试口，用拇指和示指拿住圆柱体慢慢上举，使它离开测试面约 2cm，2 秒后就放下。要求被试每次提举重量时，提的高低，快慢要前后一致，提举后，若判断为信号就回答“信号”，主试在记录表上相应的( )内记下“+”。若判断为噪声就回答为“噪声”，主试就记下“–”号，每做完50次休息5分钟。

（4）接上述方法继续，直到测完 300 次为止。

3. 换被试重做上述实验。

四、结果

1. 根据300次实验结果，按先定概率不同，列出三个2×2方阵，并计算出相应的“击中”的条件概率 P（Y/SN）和虚报的条件概率 P（Y/N）。

2. 根据所估计的三对 P（Y/SN）和 P（Y/N），以 P（Y/N）为横坐标，以 P（Y/SN）为纵坐标，画出 ROC 曲线。

3. 把与各对 P（Y/SN）和 P（Y/N）相应的 Z 值和 O 值查出来，并计算 d′ 和 β，列表如下：

P(CN)	20			50			80		
	P	Z	O	P	Z	O	P	Z	O
Y/SN									
Y/N									
d′									
β									

五、讨论

说明被试重量辨别的感受性，以及 SN 的先定概率对被试判断标准的影响。

第四节 声简单反应时实验

一、目的

学习测定声简单反应时的程序。

二、器材

JGW-B 型心理实验台反应时单元，计时计数器单元，手键一个。

三、步骤

1. 接上电源，将刺激呈现器的连接线插头插到“反应时输出”插口，反应时手键插入实验台被试侧面板左下方“手键”插口。

2. 开启计时计数器单元电源，指示灯亮表示电源接通，计时屏幕显示为0.000秒，正确次数和错误次数均为0。

3. “工作方式选择”为“反应时”，按下“声、光”选择键，即选择声刺激，同时调节左侧音量调节旋钮，使音量适宜。（若室内实验人数较多可选择耳机，当耳机插头插入扬声器左下角插孔时，扬声器自动断开）。

4. 要求被试将左手的示指放在红键上方做按键状。

5. 指导语：“这是一次反应时间测量实验，当你听到‘预备’口令后，若再听到刺激声，就迅速按手键，要求又准又快。不许提前按键。如果提前按键，则会有一个声音提示，那么这一组反应时测量作废，重新开一组。若刺激声呈现4秒钟仍未反应，此组测量也作废，并重开一组。”

6. 主试把“测试、学习”键拨到“测试”一侧，同时按下“简单反应时”键。先练习一个单元，每个单元为20次，其中有2次侦察实验。

7. 练习结束后，“简单反应时”指示灯灭。主试先按“复位”键，使计时计数器清零，再按“简单反应时”键，指示灯亮，正式实验单元启动。每个单元结束后，按“打印”键，打印本单元结果。若重新开始另一单元，则需先按“复位”键，再按“简单反应时”键，指示灯亮，新一单元启动。每个被试连续完成3个单元。

8. 更换被试重复上面的实验。

四、结果

1. 分别计算每个被试声简单反应时的平均数。
2. 分别算出全组所有被试的声简单反应时的平均数和标准差。

五、讨论

根据测定结果讨论声简单反应时的个体差异。

第五节　光简单反应时实验

一、目的

本实验的目的就是学习测定光简单反应时的程序。

二、器材

JGW-B型心理实验台反应时单元，计时计数器手键一个。

三、步骤

1. 接上电源，将刺激呈现器的连接线插头插到“反应时输出”插口，反应时手键插入实验台被试侧面板左下方“手键”插口。

2. 开启计时计数器单元电源，指示灯亮表示电源接通，计时屏幕显示为“0.000”秒，正确次数和错误次数均为0。

3.“工作方式选择”为“反应时”，按起“声、光”选择键，即选择光刺激。

4. 要求被试将左手的示指放在红键上方做按键状。

5. 指导语：“这是一次反应时间测量实验，你听到‘预备’口令后，请你注视刺激呈现窗，当你看到光刺激后，就迅速按反应键，要求又准又快。不许提前按键。如果提前按键，则会有一个声音提示，那么这一组反应时测量作废，重新开一组。若刺激光呈现4秒钟你仍未反应，此组测量也作废，并重开一组。”

6. 主试把“测试、学习”键拨到“测试”一侧，同时按下“简单反应时”键。先练习一个单元。每个单元为20次，其中有2次侦察实验。

7. 练习结束后，“简单反应时”指示灯灭。主试先按“复位”键，使计时计数器清零，再按“简单反应时”键，指示灯亮，正式实验单元启动。每个单元结束后，按“打印”键，打印本单元结果。若重新开始另一单元，则需先按“复位”键，再按“简单反应时”键，指示灯亮，新一单元启动。每个被试连续完成3个单元。

8. 更换被试重复上面的实验。

四、结果

1. 分别计算每个被试光简单反应时的平均数。
2. 分别算出全组所有被试的光简单反应时的平均数和标准差。

五、讨论

根据测定结果讨论光简单反应时的个体差异。

第六节　声选择反应时实验

一、目的

学习测定声选择反应时的程序，了解声选择反应时不同于声简单反应时的特点。

二、器材

JGW-B型心理实验台反应时单元，计时计数器单元，手键一个。

三、步骤

1. 接上电源，将刺激呈现器的连接线插头插到“反应时输出”插口，反应时手键插入实验台被试侧面板左下方“手键”插口。

2. 开启计时计数器单元电源，指示灯亮表示电源接通，计时屏幕显示为“0.000”秒，正确次数和错误次数均为0。

3.“工作方式选择”为“反应时”，按下“声、光”选择键，即选择声刺激，同时调节左侧音量调节旋钮，使音量适宜。（若室内实验人数较多可选择耳机，当耳机插头插入扬声器左下角插孔时，扬声器自动断开）。

4. 要求被试将右手的示指、中指、无名指分别放在反应时手键的红键、绿键、黄键上方做按键状。

5. 指导语："这是一次反应时间测量实验，当你听到'预备'口令后，将听到刺激声，如果你认为是高音，就迅速用示指按红键；如果你认为是中音，就迅速用中指按绿键；如果你认为是低音，就迅速用无名指按黄键。要求又准又快，不许提前按键，如果提前按键或错误反应，则会有一个声音提示，那么这一组反应时测量作废，重新开一组。若刺激声呈现4秒钟后仍未反应，此组测量也作废，并重开一组。"

6. 主试把"测试、学习"键拨到"测试"一侧，同时按下"选择反应时"键。先练习一个单元。

7. 练习结束后，"选择反应时"指示灯灭。主试先按"复位"键，使计时计数器清零，再按"选择反应时"键，指示灯亮，正式实验单元启动。每个单元结束后，按"打印"键，打印本单元结果。若重新开始另一单元，则需先按"复位"键，再按"选择反应时"键，指示灯亮，新一单元启动。每个被试连续完成3个单元。

8. 更换被试重复上面的实验。

四、结果

1. 分别算出每个被试声选择反应时的平均数、标准差。
2. 分别算出每个组的声选择反应时的平均数、标准差。

五、讨论

1. 比较声选择反应时与声简单反应时的差异，并说明原因。
2. 在被试54次的选择反应时的结果中是否有明显的练习效果？

第七节 光选择反应时实验

一、目的

学习测定光选择反应时的程序，了解光选择反应时不同于光简单反应时的特点。

二、器材

JGW-B型心理实验台中反应时单元，计时计数器单元，手键一个。

三、步骤

1. 接上电源，将刺激呈现器的连接线插头插到"反应时输出"插口，反应时手键插入实验台被试侧面板左下方"手键"插口。

2. 开启计时计数器单元电源，指示灯亮表示电源接通，计时屏幕显示为"0.000"秒，正确次数和错误次数均为0。

3. "工作方式选择"为"反应时"，按起"声、光"选择键，即选择光刺激。

4. 要求被试将右手的示指、中指、无名指分别放在反应时手键的红键、绿键、黄键上方做按键状。

5. 指导语："这是一次反应时间测量实验，当你听到'预备'口令后，请你注视刺激呈现窗，如果看到红光，就迅速用示指按红键；如果看到绿光，就迅速用中指按绿键；如果看到黄光，就迅速用无名指按黄键。要求又准又快，不许提前按键。如果提前按键或错误反应，则会有一个声音提示，那么这一组反应时测量作废，重新开一组。若刺激呈现4秒钟后仍未反应，此组测量也作废，并重开一组。"

6. 主试把"测试、学习"键拨到"学习"一侧，同时按"选择反应时"键。每种色光练习3次。

7. 练习结束后，主试把"测试、学习"选择开关拨到"测试"一侧，按"复位"键后再按"选择反应时"，正式实验开始。每个单元结束后，主试按打印键，打印实验结果。若重新开始另一单元，则需按"复位"键后再按"选择反应时"键，指示灯亮，新一单元启动。每个被试连续完成3个单元。

8. 更换被试重复上面的实验。

四、结果

1. 分别计算每个被试光选择反应时的平均数、标准差。
2. 算出本组光选择反应时的平均数、标准差。

五、讨论

1. 比较光选择反应时与光简单反应时的差异，并说明原因。
2. 在被试54次的选择反应时的结果中是否有明显的练习效果？

第八节　减法反应时实验

一、目的

通过反应时ABC实验学习使用减法反应时法。

二、器材

JGW-B型心理实验台中的计时计数器单元，反应时单元，手键一个。

三、步骤

1. 接上电源，将刺激呈现器的连接线插头插到"反应时输出"插口，反应时手键插入实验台被试侧面板左下方"手键"插口。

2. 开启计时计数器单元电源，指示灯亮表示电源接通，计时屏幕显示为0.000秒，正确次数和错误次数均为0。"工作方式选择"为"反应时"，按起"声、光"选择键，即选择光刺激。

3. 准备实验　被试坐在反应时测试单元前，双眼平视反应时观察窗口。在各类反应的正式实验前，主试将"学习、测试"键拨到"学习"一侧，按照该类反应的要求练习5次，以熟悉实验情境。练习后主试将“学习、测试”键拨到“测试”一侧。按“复位”键准备下一组实验。

4. A反应　被试距刺激呈现器1米处，将左手的示指放在红键上方。指导语：“你听到‘预备’口令后，请注视刺激呈现窗。当你看到红光刺激后，就迅速按反应键，要求又准又快。不许提前按键。如果提前按键，则会有一个声音提示，那么这一组反应时测量作废，重新开一组。若刺激呈现4秒钟你仍未反应，此组测量也作废，并重开一组。”主试宣布“开始”后，按“简单反应时”键，实验开始。每个被试连续做20次，其中有两次侦察实验。主试按“打印”键，打印实验结果。若重开一组则按“复位”键，准备下一组实验，每个被试进行3个单元的实验。

5. B反应　被试距刺激呈现器1米处，将左手的示指放在红键上方，右手示指放在绿键上方，右手中指放在黄键上方。指导语：“你听到‘预备’口令后，请你注视刺激呈现窗。如果看到红光，就迅速用左手示指按红键；如果看到绿光，就迅速用右手示指按绿键；如果看到黄光，就迅速用右手中指按黄键。要求又准又快，不允许提前按键，也不要按错键。如果提前按键或按键错误，则会有一个声音提示，那么这一组反应时测量作废，重新开一组。若刺激呈现4秒钟后仍未反应，此组测量也作废，并重开一组。”主试按下“选择反应时”键，实验开始。每个单元结束后，主试按‘打印’键，打印本单元实验结果。若重新开始另一单元，则需先按“复位”键，使计时计数器清零，再按“选择反应时”键指示灯亮，新一单元启动。每个被试进行3个单元的实验。

6. C反应　被试距刺激呈现器1米处，将左手的示指放在红键上方。指导语：“你听到‘预备’口令后，请你注视刺激呈现窗。如果看到红光，就迅速用左手示指按红键；如果看到绿光或黄光，请不要按键。要求又准又快，不许提前按键，也不要按错键。如果提前按键或按键错误，则会有一个声音提示，那么这一组反应时测量作废，重新开一组。若刺激呈现4秒钟后仍未反应，此组测量也作废，并重开一组。”主试按下“辨别反应时”键，实验开始。每个单元结束后，主试按“打印”键，打印本单元实验结果。若重新开始另一单元，则需先按“复位”键，使计时计数器清零，再按“辨别反应时”键，新一单元启动。每个被试进行3个单元的实验。

四、结果

1. 分别计算每个被试的A反应时、B反应时和C反应时，并根据减法求出其辨别时间和反应选择时间。

2. 求出全组所有被试的辨别时间、选择时间的平均数和标准差。

五、讨论

比较辨别反应时与选择反应时的差异并分析原因。

第九节　加法反应时实验

一、目的

验证斯滕勃格（Sternberg）的加法反应时实验。

二、器材

1. JGW-B 型实验台速示器单元，计时计数器单元，手键一个。

2. 卡片 42 张，其中 32 张为识记卡片，上面写有黑色数码 1～6 个不等；另有检测卡片 10 张，各写着一个红色数码；数码大小均为长 2cm，宽 1.5cm。材料清单如下：

识记用卡片		检测用卡片（红色反字）	
数码个数	张数	与识记数码相同	与识记数码不同
1	4	2	2
2	8	与第 1、第 2 个数码相同的各 2 个	4
4	8	与第 1、2、3、4 个数码相同的各 1 个	4
6	12	与第 1、2、3、4、5、6 个数码相同的各 1 个	6

3. 练习用识记卡片 2 张，每张上有四个数码。

三、步骤

1. 接上电源，将导连线的一端接速示器的“反应时输出”，另一端接计时计数器的“反应时输入”；反应时手键接在计时计数器被试侧“手键”插口上。

2. 速示器电源选择“ON”，灯亮表示接通。用明度测试卡调节 A、B 视场的明度达到基本一致；在“工作方式选择”栏，将 A 选为“定时”，B 选为“定时”，选“A-B”顺序方式；在“时间选择”栏，将 A 定为“2000”，B 定为“0500”。

3. 打开计时计数器电源，电源指示灯亮，计时屏幕显示“0.000”，“正确次数”和“错误次数”均显示“0”，表示电源接通“工作方式选择”为“反应时”。

4. 被试坐在桌前，面部贴紧速示器观察窗，两眼注视屏幕中心，左手示指放在红色反应键上，右手示指放在黄色反应键上。

5. 32 张识记卡片随机排好顺序并列表，将顺序号写在卡片上，并将检测卡片数码和应做出的正确反应列在记录表相应位置中。

实验顺序（卡片号）	1 2 3	32
检测卡片数码		
应做出的正确反应		
被试的反应		
反应时		

6. 指导语：“我发出‘预备’指令后，你就注视正前方屏幕的中心，当你看到黑色数字时（不论是几个数码），请努力记住它们；当看到红色数码时，请判断它是否是你刚才看到的数字中的一个数码。若认为是，则迅速用左手示指按红色反应键并报告‘是’；若认为不是，则迅速用右手示指按黄色反应键并报告‘不是’。下面练习 2 次。”

7. 将练习用的识记卡片输入 A 视场；将检测用卡片输入 B 视场。主试每输入一张卡片，发出“预备”口令 1 ~ 2 秒后按速示器单元“触发”键，被试按指导语操作。注意检测卡片上的数码是识记卡片上的数码与不是识记卡片上的数码各练习一次。当被试熟悉操作情景后开始正式实验，否则继续练习。

8. 练习完毕后，主试按计时计数器单元右下方的“系统复位”键，再按“反应时”键。然后按照记录表中的顺序输入识记卡片和检测卡片，依照步骤 7 操作。注意：识记卡片必须放入 A 视场，检测卡片必须放入 B 视场。直至 32 对卡片全部呈现。

9. 按下计时计数器单元的“打印”键，打印每次的反应时间和反应结果。

10. 更换被试重复以上实验。

四、结果

1. 计算不同条件下正确反应的平均反应时和百分数。R T = T –200ms。

2. 比较不同数码长度的反应时差异。

3. 比较不同位序的检测数码的反应时长度。

五、讨论

1. 本实验中，信息加工过程分为哪几个阶段?

2. 影响反应时的因素还有哪些?

第十节　句子 – 图形匹配实验

一、目的

检测句子与图形不同匹配条件下的辨别反应时。

二、器材

1. JGW-B 型心理实验台速示器单元，计时计数器单元，手键一个。

2. 白色卡片上有上下两个相距 2cm 的黑色图形：星形和十字，并有描述两图相对位置的一个句子。星形和十字的上下、左右长度均为 2cm。描述分八种：星在十字下面；星在十字上面；星不在十字下面；星不在十字上面；十字在星下面；十字在星上面；十字不在星下面；十字不在星上面。两种图形的描述各有 8 种匹配方式，所以共有 16 张卡片。注视点卡片一张。

三、步骤

1. 将 16 张卡片按随机原则排成顺序并列表，表中列出每次应做的正确反应。

实验顺序	1	2	3	4	5	……16
应做出的正确反应						
被试的反应						
反应时						

2. 接上电源；将导连线的一端接速示器的“反应时输出”，另一端接计时计数器的“反应时输入”；反应时手键接在计时计数器被试侧的“手键”插口上。

3. 速示器电源选择“ON”，灯亮表示接通。用明度测试卡调节 A、B 视场的明度达到基本一致；在“工作方式选择”栏，将 A 选“定时”，B 选“背景”，选“A—B”顺序方式；在“时间选择”栏，将 A 定为“2000”。

4. 打开计时计数器电源，电源灯亮，计时屏幕显示“0.000”，“正确次数”和“错误次数”均显示“0”，表示电源接通。“工作方式选择”为“反应时”。

5. 将注视点卡片输入 B 视场。被试坐在桌前，面部贴紧速示器观察窗，两眼注视屏幕中心的注视点，左、右两手示指分别放在手键的红、黄按钮上。

6. 指导语：“实验时你将看到由一个星和一个十字组成的图形，还有一个描述它们相对位置的句子，你要判断这个句子是不是符合图形。例如图形是‘星在上，十字在下’，如果句子是‘星在十字上面’，则句子与图形符合，你就用左手按键，同时报告“合”；如果句子是‘星在十字下面’，则句子与图形不符合，你就用右手按键，同时报告“不合”。判断和反应要又准又快”。

7. 将卡片按表中的顺序依次输入 A 视场。主试每输入一张卡片，发出“预备”口令 1 ~ 2 秒后按速示器的“触发”键，计时计数器自动记录被试每次的反应时间和反应结果。

8. 按计时计数器的“打印”键，打印实验结果。

四、结果

1. 计算图形和句子不同匹配情况下被试的平均反应时。

2. 计算不同匹配情况下反应正确的百分数。

五、讨论

1. 分析个体判断过程经过几个加工阶段？

2. 肯定陈述和否定陈述对反应时有什么影响，分析原因？

第十一节 彩色负后像

一、目的

认识彩色负后像现象。

二、器材

1. JGW-B 型心理实验台速示器单元、计时计数器单元，手表 1 只，手键一个。

2. 10cm × 15 cm 的卡片一套，其中测试卡片 3 张，每张卡片中心分别有半径为 2.5cm 的红、绿、蓝色的圆形，圆形的圆心又有一个小“+”；白色背景卡片 1 张。

三、步骤

1. 准备工作

（1）接上电源，将导连线的一端接速示器的“反应时输出”；另一端接计时计数器的“反应时输入”；将反应时手键接在计时计数器被试侧的“手键”插口上。

（2）速示器电源选择“ON”，灯亮表示电源接通。调节速示器 A、B 视场的明度使其达到最大；在“工作方式选择”栏，将 A、B 均选“定时”，并选“A—B”顺序方式；在“时间选择”栏，将 A 定为“0001”，B 定为“9000”。

（3）打开计时计数器电源，电源灯亮，计时屏幕显示“0.000”，“正确次数”和“错误次数”均显示“0”，表示电源接通。“工作方式选择”选为“反应时”。

2. 正式实验

（1）被试坐在实验台被试侧，面部贴紧速示器观察窗口，要求被试在正式实验时两眼注视圆形中心的“+”，左手示指放在反应键上。

（2）主试将白色背景卡片输入 B 视场，将测试卡片（红色）输入 A 视场。

（3）主试宣布“实验开始”后，将“工作方式”栏 A 键拨向“常亮”，用手表计时 1 分钟。1 分钟后，主试将“A”拨向“定时”，同时按“触发”键，计时计数器开始工作。此时将“速示器”的“B”键拨向“背景”，要求被试看到彩色“后像”消失时立即按下反应键，主试记下计时器的时间，即彩色负后像的延迟时间。

（4）按上述顺序进行绿色、蓝色负后像实验。

四、结果

统计不同刺激条件下，每个被试负后像的延迟时间。

五、讨论

分析为什么彩色后像的色调是原色调的近似补色。

第十二节　颜色混合

一、目的

了解颜色混合的间色律和补色律。

二、器材

1. JGW-B 型实验台速示器单元。

2. 10cm × 15cm 的卡片，左边 10cm × 10cm 为彩色（红、黄、绿、蓝、橙、紫），右边 10cm × 5cm 为黑色的卡片，每种卡片各 2 张，共 12 张。

三、步骤

1. 接通速示器的电源，速示器电源开关选择“ON”，灯亮则表示电源接通。用明度测试卡调节 A、B 视场的明度达到基本一致。在“工作方式选择”栏，将 A 选“常亮”，B 选“背景”。

2. 被试坐在速示器的观察窗口前，面部贴紧速示器观察窗。并对其宣布：“现在请你判断一些颜色。当我说开始的时候，请你通过窗口观察里面的颜色，并说出左边是什么颜色，中间是什么颜色，右边是什么颜色。”

3. 主试将实验卡片分别输入 A、B 视场。主试发出“开始”口令，并按“触发”键开始实验。主试记录被试的报告结果。如果被试没有看清楚，可以反复进行观察。

4. 更换卡片重复步骤 3 的实验。

四、结果

1. 统计每个被试哪几对颜色组混合后能够产生白色或灰色。

2. 哪几对颜色组混合后能够产生新的混合色？

五、讨论

1. 本实验结果能否证实颜色混合的补色律和间色律？为什么？

2. 在本实验中，色觉正常的人在色觉混合时是否存在个体差异？

第十三节　闪光融合临界频率测定

一、目的

学习使用光点闪烁仪测定闪光融合临界频率（cff）。

二、器材

JGW-B 型实验台光点闪烁仪单元，记录用纸。

三、步骤

1. 准备工作　接通电源，打开光点闪烁仪电源开关；背景亮度选 1/16，颜色选红，亮度选 1，占空比选 1∶1；让被试熟悉用控制旋钮调节光点频率并熟悉“闪”与“不闪”现象。

2. 正式实验

（1）渐增系列实验主试将亮点调至明显闪烁，然后宣读指导语：“你现在看到的是一个闪烁的亮点，请调节旋钮直到刚刚看不到亮点闪烁为止；在闪与不闪附近可以反复调整，直至您确定不再闪烁为止，然后向主试报告”。主试记录此次频率值。

（2）渐减系列实验主试将亮点调至明显不闪烁，然后宣读指导语：“你现在看到的是一个不闪烁的亮点，请调节旋钮直到刚刚看到亮点闪烁为止；在闪与不闪附近可以反复调整，直至您确定闪烁为止，然后向主试报告”。主试记录此次频率值。

（3）每个被试先进行右眼实验，然后进行左眼实验。每只眼睛渐增系列、渐减系列各做 16 次，两个系列按 ABBABAAB 顺序进行。

（4）注意相邻顺序的相同系列的起始点应有明显变化。

（5）更换被试重复上面的实验。

四、结果

1. 分别求出左、右眼渐增、渐减系列的临界闪光融合频率。

2. 计算左、右眼的临界闪光融合频率的平均值。

五、讨论

分析本实验中的误差。

第十四节　影响闪光融合临界频率的因素

一、目的

比较颜色、亮度、占空比对 cff 的影响

二、器材

JGW-B 型实验台光点闪烁仪单元。

三、步骤

1. 准备工作

（1）接通电源，打开光点闪烁仪电源开关；背景亮度选 1/16，颜色选红，亮度选 1，占空比选 1：1；让被试熟悉用控制旋钮调节光点频率并熟悉“闪”与“不闪”现象。

（2）本实验采用拉丁方设计如下：

占空比

		1：3	1：1	3：1
亮		红	绿	黄
度	1/4	绿	黄	红
	1/8	黄	红	绿

（3）每种实验条件下的实验分为递增和递减系列进行，各做 4 次，按 ABBA 系列进行。

2. 正式实验

（1）渐增系列实验：主试将亮点调至明显闪烁，然后宣读指导语：“你现在看到的是一个闪烁的亮点，请调节旋钮直到刚刚看不到亮点闪烁为止；在闪与不闪附近可以反复调整，直至你确定不再闪烁为止，然后向主试报告”。主试记录此次频率值。

（2）渐减系列实验：主试将亮点调至明显不闪烁，然后宣读指导语：“你现在看到的是一个不闪烁的亮点，请调节旋钮直到刚刚看到亮点闪烁为止；在闪与不闪附近可以反复调整，直至你确定闪烁为止，然后向主试报告”。主试记录此次频率值。

（3）实验在双眼条件下进行。每个被试均进行 9 种条件的实验。每种实验条件下的实验分为递增系列和递减系列，每种系列各做 4 次，按 ABBA 顺序进行。

（4）注意相邻顺序的相同系列的起始点应有明显变化。

（5）更换被试重复上面的实验。

四、结果

分别求出每个被试在每种实验条件下，递增系列和递减系列的 cff 的平均值及总平均值。

五、讨论

1. 实验条件对 cff 的影响。
2. 分析本实验的系统误差。

第十五节　形状恒常性

一、目的

验证形状恒常性现象，比较不同条件下形状恒常性的程度，学习用描绘法测量形状恒常性。

二、器材

1. JGW-B 型心理实验台，玻璃杯，米尺，粉笔，记录纸。
2. 被试应是裸视力或矫正视力达到 1.0 且无散光者。

三、步骤

1. 准备工作

（1）让被试坐在桌边，将杯放在桌上，杯口到被试眼睛的垂直距离为 20cm 。

（2）从桌边向前量下列 5 个距离：11.5 cm，20 cm，34.6 cm，54.9 cm，113.4cm，用粉笔划上记号。若杯在这五个距离上，则杯口平面与视轴平面的交角分别为 60°，45°，30°，20°，10°。要求被试分别在这五个距离上观察杯口的形状。注意观察在杯口平面上杯口的纵向直径（沿视轴方向）与横向直径（与视轴垂直方向）比例关系的变化。被试练习观察 5 次（每个距离 1 次），以便被试掌握判断形状的标准。

2. 正式实验

（1）在每一距离上要求被试观察杯口的形状，并在 5 厘米 ×5 厘米的方格中画出当时知觉到的形状。画法如下：横向直径保持不变（5cm），横向直径线已在记录纸上事先画出；被试根据知觉到的纵向直径缩短比例在图上做出标记，然后再绘成杯口形状。若觉得与知觉到的形状不一致可以修改，直到满意为止。

（2）观察顺序由近及远，再由远及近，每个距离共观察 2 次。

四、结果

1. 分别量出各被试在不同距离上画出的杯口纵向直径（2 次结果），计算平均数。然后算出纵向直径（短轴）与横向直径（长轴）的比例 R。

2. 分别计算各距离上杯口在被试网膜上投影形状的短轴与长轴的比例 S。计算公式如下：

$$\text{短轴}:\text{长轴} = \sin\alpha \quad (\alpha\ \text{为视轴与杯口平面的交角})$$

3. 按以下公式求出各条件下的形状常性系数：

$$\text{常性系数}\ K = \frac{R-S}{A-S}$$

R 知觉的比例（估计短轴与长轴之比）
S 网膜投影比例（网膜上短轴与长轴之比）
A 实物的纵向直径与横向直径之比，本实验 A=1

五、讨论

影响形状恒常性的因素

第十六节　图形后效

一、目的

通过实验认识图形后效现象，比较图形后效的个体差异。

二、器材

1. JGW-B 型实验台速示器单元，计时计数器单元，手键一个，手表一只。

2. 卡片两张。一张卡片左右各有一个黑色圆圈（半径＝ 2.2cm，圆周的宽度为 1mm 左右）。两圆心相距 5cm，中间有一个“+”。另一张左边有一个黑色小圆圈（半径＝ 1.4cm）；右边有一个黑色大圆圈（半径＝ 3.0cm）。圆心距、圆周黑线的宽度及“+”的位置与第一张相同。

三、步骤

1. 准备工作

（1）接上电源，将导连线的一端接速示器单元的“反应时输出”，另一端接计时计数器单元的“反应时输入”；反应时手键接在计时计数器被试侧的“手键”插口上。

（2）速示器电源选择“ON”，灯亮表示接通。用明度测试卡调节好 A、B 视窗的明度达到基本一致。

（3）打开计时计数器电源，电源灯亮，计时屏幕显示“0.000”，“正确次数”和“错误次数”均显示“0”，表示电源接通。按“反应时”键。

（4）将非等圆和等圆两卡片分别输入 A、B 两视场。在“工作方式选择”栏设定 A 视场为“定时”，B 视场为“背景”，工作顺序选择 A — B ；在“定时选择”栏 A 定时为 0001ms，B 定时为 9000ms（9 秒）。

2. 正式实验

（1）被试坐在速示器观察窗口前，面部贴紧速示器的观察窗。主试对被试宣布：“请你用双眼注视这两个圆中间的‘+’，眼球不要转动，看看两个圆是不是一样大？当觉得一样大时请告诉我。”

（2）当被试报告觉得一样大时，主试将“工作方式选择”栏中的 B 拨向“定时”，即关掉 B 视场，将 A 拨向“常亮”，即打开 A 视场，同时用手表开始计时。并对被试宣布：“现在请你注视卡片上的‘+’1 分钟，眼球不要转动，要用眼的余光观察这两个圆的大小，心中要默念左大右小。请集中注意照这样做。双眼注视‘+’，眼球不要转动，默念左大右小…”。主试不断提醒被试要集中注意，直到 1 分钟时，关掉 A 视场，切换到 B 视场，即在“工作方式选择”栏将A拨向“定时”，将B拨向“背景”，并按速示器“触发”键。此时对被试宣布：“请继续注视卡片上的‘+’。眼球还是不要转动，观察这两个圆的大小，哪边的圆大些？哪边的圆小些？请继续观察，直到觉得两个圆一样大时，请按下手键。”主试记下计时器的时间，这个时间则是被试后效的延迟时间。

四、结果

统计各个被试的后效延迟时间并进行比较。

五、讨论

1. 图形后效的实验中要注意哪些实验条件，才能保证出现这种后效？
2. 图形后效的实验中是否发现个体差异？
3. 在本实验中如果只用一只眼观察，结果将会怎样？

第十七节　似动

一、目的

演示似动现象。

二、器材

1. 仪器　JGW-B型实验台速示器单元。
2. 材料　10cm × 15cm的卡片4张。

三、步骤

1. 接通速示器电源，电源开关选择“ON”，指示灯亮表示电源接通，在“工作方式选择”栏，将A选“常亮”，B选“背景”。

2. 从A、B输片器分别输入两个明度测试卡片；将明度调节旋钮B按逆时针方向调至最大，再调整旋钮A，使两视场明度相同。

3. 在“定时选择”处调节A、B数码盘，设定A、B视场呈现时间均为200毫秒。

4. 主试在“工作方式选择”栏选择AB循环（A ⟷ B）；A、B选择为“定时”，主试退出两张明度测试卡片，装入似动卡片两张。

5. 被试坐在观察窗前，面部贴紧速示器的观察窗，要求被试观察马是否在奔跑，主试按下“触发”键，呈现实验卡片。

6. 主试按下“复位”键，退出奔马图卡片，更换为横竖棒图卡片。重复上面的程序，要求被试观察棒的运动现象。

四、结果

是否观察到似动现象。

五、讨论

说明似动现象产生的条件。

第十八节　注意广度

一、目的

通过测试视觉的注意广度，学习用速示器测量注意广度的程序，并了解影响注意广度的条件。

二、器材

1. JGW-B 型心理实验台速示器单元，记录用纸。

2. 点子图卡片 2 组，每组 13 张，每张卡片上有点子 3 ~ 15 个不等；其中第一组卡片上的点子为规则排列，第二组卡片上的点子为不规则排列。

3. 背景卡片一张，练习卡片一张。

三、步骤

1. 主试将每组卡片随机排列好，在记录纸上标明卡片的排列序号及点子的个数。

2. 接上电源；速示器电源选择“ON”，灯亮表示接通。用明度测试卡调节 A、B 视场的明度达到基本一致；在“工作方式选择”栏，将 A 选“定时”，B 选“背景”，选“A—B”顺序方式；在“时间选择”栏，将 A 定为“0100”。

3. 将背景卡片输入 B 视场。被试坐在桌前，面部贴紧速示器观察窗，两眼注视屏幕中心红点。

4. 指导语：“请你注视眼前的注视点（红点），当我发出‘预备’口令后，将出现一些黑色圆点，这些黑点呈现时间很短，你要注意看，并迅速报告有几个黑色圆点。下面我们练习两次。”

5. 练习卡片输入 A 视场。主试发出“预备”口令 1 ~ 2 秒后按速示器“触发”键，启动速示器，呈现时间为 100 毫秒。

6. 正式实验，将第一组的 13 张点子图卡片按记录纸上的排列顺序逐张放入 A 视场。依照上述步骤进行第一组的实验。主试则在记录表上记下反应结果。

7. 休息 1 分钟，依照上述步骤继续进行第二组材料的实验。

8. 两组实验完毕之后，要求被试写出其判断点子数量策略。

四、结果

分别统计每个被试正确判断的百分数。

五、讨论

影响注意广度的因素。

第十九节 注意起伏

一、目的

通过知觉“双关”图形验证注意的起伏现象。

二、器材

1. JGW-B 型心理实验台速示器单元，计时计数器单元，记录用纸。
2. “双关图形”卡片一张。

三、步骤

1. 将电源插头插入主试侧右方插座内，拨动电源开关，接通电源，计时计数显示为零。按定时键，工作方式选择为定时。在计时计数器面板的右上方数字方阵中按下 180.000 秒（即定时 3 分钟）。

2. 接上电源，速示器电源选择“ON”，灯亮表示接通，在“工作方式选择”栏选 A 为“常亮”。对被试宣读指导语：“请你聚精会神地看这个截去顶端的棱锥体。你可以看到中间的小方形时而凸出，时而凹进。当我说‘开始’时，你要把注视到图形的每次变化在纸上记一小横短线。当我说‘界限’时，你在横短线旁划一竖短线。在没有听到我说‘停止’之前，要一直注视着图的变化并画线。”

3. 主试发出“开始”的口令，同时按动计时计数器数字方阵“R/P”键。主试每 1 分钟发出“界限”口令一次，3 分钟后发出“停止”口令，计时停止。

4. 接着要求被试尽量保持某种图形，记录在有意志努力的情况下凸凹出现的次数。指示语：“你现在要加强意志努力，一边注视图，一边将它想象成为一个空房间，三面是墙，上面是天花板，下面是地板，小四方形是凹进去的。就这样看下去，每当你看到图形发生变化时，就用铅笔在纸上记一小短横线，当我说‘界限’时你在短横线旁划一短竖线。”并重复步骤 2、3。

四、结果

1. 计算每名被试每分钟注意起伏的次数。
2. 比较每个被试在第一和第三分钟注意起伏的次数，及其在有意志努力情况下注意起伏的次数。

五、讨论

起伏的相关因素有哪些？

第二十节　划消实验

一、目的

通过划消实验测量个体的注意集中程度，学习使用划消实验板。

二、器材

JGW-B 型心理实验台划消实验单元、计时计数器单元。

三、步骤

1. 准备工作

（1）将划消实验单元从实验台被试侧的桌面下拉出。

（2）用导连线将计时输入和划消单元输出连接好，将测试探笔的插头插入划消板的“探笔”插口。

（3）按教师要求装好测试纸。

（4）将电源插头插入实验台主试侧右方插座内接通电源，开启计时计数器电源开关，计时屏幕显示为“0.000”秒，正确次数和错误次数均为“0”，工作方式选择“计时计数”。

（5）指导语：“请你用优势手握住测试笔，扎测试纸的数字‘0’，要求用笔垂直下扎。每个‘0’只许扎一次，并要扎到底，划消顺序为由左至右、由上到下。当全部扎完时，立即用笔点击测试纸右下侧螺孔内金属孔。”

2. 正式实验

（1）主试宣布实验开始，同时按下操作箱左侧“启动“按钮，计时计数器启动，开始计时计数。实验中要保持安静，不能有任何暗示。

（2）主试将数据记录或手按打印键，打印测试结果。

（3）更换被试及测试纸，继续上面的实验。

四、结果

1. 计算个人的注意集中指数

$$\text{注意集中指数}=\frac{\text{查阅总字数}\times(\text{正确划消字数}-\text{错误划消字数})}{\text{查阅时间}\times\text{应划字数}}$$

注：错误划消数包括漏划“0”数和划消非“0”数。

2. 比较本组结果。

五、讨论

分析注意集中指数。

第二十一节 有凭借再现与无凭借再现

一、目的

学习用再现法检查记忆保持量，探讨再现过程中线索的作用。

二、器材

JGW-B 型心理实验台记忆仪单元，计时计数器单元，词单两套（记忆仪显示窗右侧为词单一，左侧为词单二）。

三、步骤

1. 将记忆仪单元与被试侧“直流电源”插孔连接好。将电源插头插入主试侧右方插座内。打开计时计数器电源开关，接通电源，工作方式选择为定时，并在计时计数器面板的右上方数字方阵中按下 300.000 秒（即定时 5 分钟）。

2. 实验前被试不可看材料，主试将运行方式开关选择为正向，记忆仪显示窗口遮板不要打开。

3. 主试打开记忆仪直流电源开关，记忆仪自动循检一周后，按“时间”键选择呈现时间为 1 秒，主试打开右遮板。

4. 被试坐在实验台被试侧（被试座椅高度应可调），眼睛平视记忆仪上已打开的显示窗右遮板。指导语为：“请你注意看前面的显示窗口，当出现红色横线提示符后，窗口将呈现词单，词单中的每对词分为线索词和目标词两种，即左侧为线索词，右侧为目标词，线索词可以为要求再现的目标词提供帮助。请你注意看，认真记，不准出声。词单呈现一遍后出现黑色横线提示符即表示呈现结束，请你立即向主试报告已看完一遍。当再次出现红色横线提示符后，第二遍识记开始。词单共识记三遍后进行考核。”

5. 有凭借再现。被试表示明白指导语所述内容后，主试按记忆仪单元“动 / 停”键，仪器运行，呈现词单一。识记 3 遍后，主试将线索词呈现给被试，同时按下数字方阵中“R/P”键。要求其在 5 分钟内将与线索词对应的目标词默写出来。

6. 无凭借再现。主试关闭右遮板打开左遮板，在数字方阵中按下 300.000。依照步骤 4 呈现词单二共 3 遍，然后按下计时计数器数字方阵“R/P”键，被试用 5 分钟默写刚看过的词对。计时器回零后主试宣布默写停止。

四、结果

分别统计有凭借再现和无凭借再现的正确再现数，并计算两种再现的保持量。

五、讨论

线索在再现过程中的作用。

第二十二节　意义识记与机械识记

一、目的

通过实验使学生了解识记材料对识记效果的影响。

二、器材

JGW-B 型心理实验台记忆仪单元，计时计数器单元，词单两套（记忆仪显示窗口左侧为词单一，右侧为词单二）。

三、步骤

1. 将记忆仪单元与实验台被试侧“直流电源”插孔连接好。将电源插头插入主试侧右方插座内。打开计时计数器电源开关，接通电源，计时计数器单元工作方式选择为“定时”，并在计时计数单元面板右上方数字方阵中按下 300000，时间显示为 300.000 秒（5 分钟）。

2. 实验前被试不可看材料，主试将运行方式开关选择为“正向”，记忆仪显示窗口遮板不要打开。

3. 主试打开记忆仪直流电源开关，记忆仪自动循检一周后，按“时间”键选择呈现时间为 1 秒。

4. 被试坐在实验台被试侧（被试座椅的高度应可调），眼睛平视记忆仪上的显示窗口。主试宣布指导语：“请你注意看前面的显示窗口，当出现红色横线提示符后，窗口将呈现词单，请你注意看，认真记，但不准出声。当显示黑色横线提示符时，词单呈现结束，被试报告看完，计为识记一遍。当红色横线提示符再次出现后第二遍识记开始。

5. 正式实验时先进行意义识记（使用词单一）。主试把显示窗口左侧的遮板打开。主试按记忆仪单元的“动 / 停”键，记忆仪运行，词单开始逐个呈现。被试报告看完一遍时，主试先按“复位”键再按“动 / 停”键。按上述步骤共识记 3 遍。

6. 识记三遍后开始考核。主试按计时计数系统数字方阵“R/P”键启动定时，要求被试进行自由回忆，默写刚识记过的词，时间为 300.000 秒 (5 分钟）。

7. 按上述程序进行机械识记（使用词单二）。主试把显示窗口左侧关闭，右侧打开，主试按动 / 停键，词单逐个呈现开始，被试看 3 遍词单后进行自由回忆，默写刚识记过的词单，时间为 300.000 秒（5 分钟）。

8. 更换被试，继续上面的实验，但刺激呈现顺序改为先机械识记后意义识记，即进行轮组法程序的实验。

四、结果

分别统计出意义材料和机械材料的正确再现数（只回忆出每对字中的一个字时不计在内）并计算自由回忆的保持量。

五、讨论

1. 根据自己的体会，谈谈如何增强识记效果。
2. 意义识记和机械识记的区别。

第二十三节　短时记忆容量测定

一、目的

学习使用记忆广度法测定短时记忆的广度。

二、器材

1. JGW-B 型心理实验台速示器单元，背景卡片一张，记录用纸两套。
2. 写有 3～13 位数字的卡片 3 组，每组 11 张，共 33 张。
3. 写有 3～13 个英文字母的卡片 3 组，每组 11 张，共 33 张。

三、步骤

1. 主试接通速示器电源，将开关选择“ON”，调节 A、B 视场，使两个视场明度基本一致。“工作方式选择”A 选“定时”、B 选“定时”、选 A—B 顺序方式。“定时选择”A 为 1 秒，B 为 5 秒。然后 B 视场输入背景卡片 1 张。

2. 被试坐在速示器观察窗前，面部贴紧观察窗，指导语：“我将呈现一组数字，要求你努力记住，当刺激消失后，立即将它默写下来。”主试在 A 视场逐个呈现 3 位数字卡片，每个卡片呈现 1 秒钟。要求被试在每个卡片呈现后用 5 秒钟将刚看到的 3 个数字全部默写出来。

3. 用上法将 4 位、5 位、6 位 …… 数字组依次进行实验，直至数字序列连续 3 次不能通过为止。

4. 用上述程序测定英文字母的短时记忆广度。

四、结果

分别统计每个被试的数字、字母的记忆广度。

五、讨论

1. 根据被试的记忆广度，说明短时记忆的特点。
2. 比较被试的记忆广度，分析个别差异。
3. 分析记忆材料的差异对记忆广度的影响。

第二十四节　短时记忆的视觉编码实验

一、目的

学习减法反应时程序，验证短时记忆中存在视觉编码。

二、器材

JGW-B 型心理实验台的速示器单元，计时计数器单元，手键 1 个，练习卡片 3 张（DD、Dd、DG），实验卡片 16 张（见下表）。注视点卡片 1 张。

类别	卡片	数量
形状和名称都相同	AA，BB	各 2 张
形状不同但名称相同	Aa，Bb	各 2 张
形状和名称都不相同	AB，BA，Ab，Ba	各 2 张

三、步骤

1. 接上电源，将连接线的一端接速示器的“反应时输出”，另一端接计时计数器的“反应时输入”，反应时手键接在计时计数器被试侧“手键”插口上；速示器电源选择“ON”，灯亮表示接通，用明度测试卡调节 A、B 视场的明度达到基本一致；在“工作方式选择”栏将 A 选“定时”，B 选“背景”，选 A—B 顺序工作方式；在“定时选择”栏，将 A 定为“0500”，表示呈现时间为 0.5 秒。

2. 打开计时计数器电源，电源灯亮，计时屏幕显示为“0.000”秒，正确次数和错误次数均显示为“0”，“工作方式选择”为“反应时”。

3. 每张实验卡片呈现两次，依随机原则事先排出呈现顺序。

4. 主试将注视点卡片输入 B 视场。要求被试坐在实验台桌前，两眼注视屏幕中心的注视点，左、右两手示指分别放在手键的红、黄按钮上。主试宣布指示语：“我发出预备口令后，你将一张一张地看到一些卡片，每张卡片上都有两个英文字母，要求你分辨两个英文字母相同还是不相同。如果你觉得两个字母的写法和发音都相同，或者写法不同但发音相同，就用左手示指按红键并报告‘同’；如果你觉得两个字母的写法和发音都不同，就用右手示指按黄键并报告‘不同’；请注意分辨正确，按键和报告要又准确又快。下面练习几次。”

5. 将练习卡片逐个输入 A 视场，主试每输入一张卡片，发出“预备”口令 1 ~ 2 秒后主试按“触发”键，仪器启动。每位被试练习 6 次，以便掌握同与不同的含义及其相应的反应。

6. 主试宣布开始正式实验，既依事先排出呈现顺序逐张输入实验卡片至 A 视场。主试每输入一张卡片，发出“预备”口令 1 ~ 2 秒后主试按“触发”键。被试依步骤 4 的要求反应。

7. 打印实验结果。

四、结果

分别计算被试在各种条件下正确判断的平均反应时。

五、讨论

分析不同刺激条件下的反应时差异，这个差异说明了什么问题？

第二十五节　图形识别

一、目的

通过图形再认任务了解图形呈现时间如何影响图形识别。

二、器材

1. JGW-B 型实验台速示器单元。

2. 图片 4 套。每套两组，每组 10 张，共 80 张。每套中第一组为旧材料，背面注明“旧”；第二组为新材料，背面注明“新”。注视点卡片一张。

三、步骤

1. 准备工作

（1）将速示器电源开关选择“ON”，灯亮则表示电源接通。用明度测试卡调节好 A、B 视窗的明度达到基本一致。

（2）在速示器面板上的“工作方式选择”栏 A 选“定时”，B 选“定时”，选“A—B”顺序方式；在“时间选择”栏，A 定为“2000”，B 定为“0”。

2. 被试坐到速示器的观察窗口前，面部贴紧速示器观察窗。将注视点卡片输入 B 视场，对被试宣布：“请你注视眼前的红点，当听到‘预备’口令 1 ~ 2 秒后，你将看到一张一张的图片，一共 10 张，每张呈现的时间很短，要集中注意地看，要求你努力记住。”

3. 将第一套图片的第一组逐张输入速示器 A 视场。主试发出“预备”口令 1 ~ 2 秒后按下“触发”键，开始呈现图片。

4. 当 10 张图片全部呈现完毕后，将 A 设定为“1000”，B 设定为“0”。然后将第二组图片按随机原则与第一组混和，记下图片混合后的顺序，并逐个输入速示器，对被试宣布；“下面给你一张一张地呈现图片，其中有 50% 是刚才看过的，另外 50% 则是刚才没看过的。当每张图片呈现时，请你立即判断它是否是你刚才看过的。如果你觉得是刚才看过的，就告诉我‘是’；如果你觉得不是刚才看过的，就告诉我‘否’；如果你没把握，就猜猜哪种可能性大，然后按可能性大的报告。”按上述程序，连续呈现 20 张图片。主试按事先安排好的表格记录被试的报告结果。

5. 改变呈现时间（呈现时间 0.5s，1s，4s），即更改步骤 1 中（2）重复上面的实验。

四、结果

1. 用图、表表示增加呈现时间对正确反应概率的影响。

2. 根据结果，比较各个被试在四种不同呈现时间条件下的再认保持量。

五、讨论

影响图形识别的因素。

第二十六节　图形再认

一、目的

通过实验探索图形再认的特征。

二、器材

1. JGW-B 型心理实验台速示器单元，计时计数器单元，手键一个。

2. 图形卡片 2 套，每套 15 张，共 30 张。第一套供识记和再认用，背面注明“旧”，第二套供再认用，背面注明“新”。

3. 注视点卡片一张。

三、步骤

1. 接上电源，将导连线的一端接速示器的“反应时输出”，另一端接计时计数器的“反应时输入”；反应时手键接在计时计数器被试侧“手键”插口上。速示器电源选择“ON”，灯亮表示接通。用明度测试卡调节 A、B 视场的明度达到基本一致；在“工作方式选择”栏，将 A 选“定时”，B 选“定时”，选“A—B”顺序工作方式；在“时间选择”栏，将 A 定为“2000”，表示呈现时间 2s，将 B 定为“0”。

2. 打开计时计数器电源，电源灯亮，计时屏幕显示“0.000”，“正确次数”和“错误次数”均显示“0”，表示电源接通。“工作方式选择”为“反应时”。

3. 主试将注视点卡片输入 B 视场，第一套图形卡片按顺序依次输入 A 视场。被试坐在桌前，面部贴紧速示器观察窗，两眼注视屏幕中心的“注视点”。对被试宣布指导语：“现在要求你一张一张地看一些图片，每张呈现的时间很短，你要集中注意地看，努力记住。”主试每输入一张卡片，发出“预备”口令 1 ~ 2 秒后按速示器的“触发”键，连续呈现 15 张图形卡片。

4. 被试休息 1 分钟后，将第二套图形卡片随机混进第一套图形卡片中，记下呈现顺序，然后逐张输入速示器 A 视场。被试左、右两手示指分别放在手键的红、黄按钮上。宣布指导语：“下面给你看的图片中，有刚才看过的，也有刚才没看过的。要求你辨认哪些是刚才看过的？哪些是刚才没看过的？如果你认为是刚才看过的，就用左手示指按红键，同时报告‘是’；如果你认为不是刚才看过的，就用右手示指按黄键，同时报告‘不是’；如果不能确定，你认为哪种可能性大就按哪种方式反应。”主试记录被试反应的正误。

5. 按计时计数器的“打印”键，打印实验结果。

6. 更换被试，重复上面的实验。

四、结果

计算每个被试再认正确率：

$$\text{再认正确率} = \frac{\text{认对的项目} - \text{认错的项目}}{\text{原识记项目} + \text{新项目}} \times 100\%$$

（此公式中原识记项目 = 旧项目）

五、讨论

影响图形再认的因素。

第二十七节　串行－并行加工实验

一、目的

检验在辨别复杂刺激时信息加工是串行方式还是并行方式。

二、器材

1. JGW-B 型心理实验台速示器单元，计时计数器单元，手键一个。

2. 卡片两套，第一套为白背景上有左右两个相同图形的卡片，图形为正三角形、正方形和圆形 3 种，每种图形分别有红、绿、蓝 3 种颜色，共有 9 种不同的色形组合，每种 5 张，共 45 张。正方形边长 = 正三角形的高 = 圆的直径 =2cm，两图形之间的水平距离 2cm。第二套为白背景上有两个特征不同的图形卡片，其中形不同色同的、色不同形同的和色形均不同的各 15 张，共 45 张。图形的大小和两图形间的距离与第一套卡片相同，注视点卡片一张。

三、步骤

1. 将两套卡片混合，按随机原则排成顺序并列表，其中前 45 张为第一组，后 45 张为第二组，表中列出每次应做的正确反应。

实验顺序（卡片号）	1 2 3 4 5 6 7 8 9 10 11 ………………………………………… 90
应做出的正确反应	
被试的反应	
反应时	

2. 接上电源；将导连线的一端接速示器的“反应时输出”，另一端接计时计数器的“反应时输入”；反应时手键接在计时计数器的被试侧“手键”插口上。

3. 速示器电源选择“ON”，灯亮表示接通电源。用明度测试卡调节 A、B 视场的明度达到基本一致；在“工作方式选择”栏，将 A 选“定时”，B 选“背景”，选“A—B”顺序方式；在“时间选择”栏，将 A 定为“500”。

4. 打开计时计数器电源，电源灯亮，计时屏幕显示“0.000”,“正确次数”和“错误次数”均显示“0”，表示电源接通。“工作方式选择”为“反应时”。

5. 将注视点卡片输入 B 视场。被试坐在桌前，面部贴紧速示器观察窗，两眼注视屏幕中心注视点，左、右两手示指分别放在红、黄反应键上。

6. 指导语：“我发出‘预备’口令后实验开始，你判断屏幕上两个图形是否相同，你认为相同就用左手示指按键，并报告‘同’，若认为‘不同’就用右手示指按键，并报告‘不同’。两个图形必须在大小、形状和颜色上完全一样才能算相同。”

7. 主试将第一组卡片按表的顺序依次输入 A 视场。主试每输入一张卡片，发出“预备”口令 1 ~ 2 秒后按速示器的“触发”键，计时计数器自动记录被试每次的反应时间和反应结果。第一组卡片呈现完毕后，按计时计数器的“打印”键，打印本组实验结果。

8. 休息 5 分钟后按以上程序重复第二组卡片的实验。

四、结果

1. 计算被试正确判断“相同”和“不同”的平均反应时。

2. 比较刺激复杂程度不同时的平均反应时。

五、讨论

1. 被试在复杂刺激时采用的是串行还是并行加工？说明得出结论的理由。

2. 复杂刺激的辨别反应时还受哪些因素影响？

第二十八节　心理旋转实验

一、目的

验证库珀和谢帕德的实验。

二、器材

1. JGW-B 型实验台速示器单元，计时计数器单元，手键一个。

2. 测试卡片 12 张，每张上面有正向或反向的“R”一个。两种字母的倾斜角度有 6 种：0 °、60 °、120 °、180 °、240 °、300 °。

3. 注视点卡片一张。

三、步骤

1. 卡片随机排好顺序并列表，将顺序号写在卡片的背面，将应做出的正确反应填入表中相应位置。

实验顺序（卡片号）	1	2	3	4	5	6	7	8	9	10	11	12
应做出的正确反应												
被试的反应												
反应时												

2. 接上电源；将导连线的一端接速示器的“反应时输出”，另一端接计时计数器的“反应时输入”；反应时手键接在计时计数器的被试侧“手键”插口上。

3. 速示器电源选择“ON”，灯亮表示接通。明度测试卡调节 A、B 视场的明度达到基本一致；在“工作方式选择”栏，将 A 选“定时”，B 选“背景”，选“A—B”顺序工作方式；在“时间选择”栏，将 A 定为“0200”。

4. 打开计时计数器电源，电源灯亮，计时屏幕显示“0.000”，“正确次数”和“错误次数”

均显示“0”，表示电源接通。“工作方式选择”为“反应时”。

5. 将注视点卡片输入 B 视场。被试坐在桌前，面部贴紧速示器观察窗，两眼注视屏幕中心的注视点，左、右两手示指分别放在手键的红、黄按钮上。

6. 指导语：“我宣布‘预备’口令后实验开始，请你判断屏幕上的字母是正向的‘R’还是镜像的‘R’。如果你认为是正向‘R’就用左手示指按红键，同时报告‘正’；如果你认为是镜像的‘R’就用右手示指按黄键，同时报告‘反’。要求判断和按键准确而且迅速。”

7. 将实验卡片按顺序依次输入 A 视场。主试每输入一张卡片，发出“预备”口令 1～2 秒后按下速示器单元的“触发”键，计时计数器自动记录被试每次的反应时间和反应结果。

8. 实验结束后，询问被试在判断时是否在进行心理旋转。

9. 按计时计数器的“打印”键，打印实验结果。

四、结果

计算不同角度条件的平均反应时间，并以平均反应时间为纵坐标，以对应的角度为横坐标，画曲线图。

五、讨论

1. 被试是否真正在连续地进行心理旋转？
2. 对文字辨认的反应时还受哪些因素的影响？

第二十九节　镜画实验

一、目的

通过镜画练习使学生了解动作技巧形成的过程。

二、器材

JGW-B 型心理实验台镜画仪单元，计时计数器单元。

三、步骤

1. 将六角星形板插入操作箱下方凹槽，插入时定位标志应在左侧。

2. 将操作箱内的上悬玻璃镜放下，将探笔线插头插入箱内左下侧“探笔”插口内。

3. 将电源线插入实验台右侧的插座内，接通电源。开启计时计数器的电源开关，计时屏幕显示为“0.000”秒，正确次数和错误次数均为“0”，工作方式选择为“计时计数”。

4. 将操作箱右侧光点闪烁仪单元电源开关和照明开关打开，操作箱内照明日光灯亮。

5. 被试坐在实验台被试侧将优势手臂伸入套袖式测试口内，手握探笔，并将笔放在图形右侧（相对于被试）的起始点上。

6. 主试宣布指导语：“我发出‘开始’口令后，请你用探笔从起始点沿图形中间槽向前移动，要求不得触及槽两边金属部分，当探笔触到槽边时计数器计错误一次，并发出警告声。你要改正路线继续做下去（注意实验中途不得使探笔离开板面），直至终点，此时视为练习一遍。”主试发“开始”口令，同时按下操作箱左下侧“启动”按钮，仪器开始计时和计错误次数。被试每画完一遍，主试记下该遍所用的时间和错误次数，然后按计时计数器“复位”键，准备下一遍的练习。

7. 经多遍练习，直到连续 3 遍不出现错误为止，即认为优势手动作技巧已形成。

8. 优势手技巧形成后，用非优势手重复上面的实验。

四、结果

1. 计算出个人优势手和非优势手的练习总用时、练习总错误次数及每遍平均用时。

2. 以练习遍数为横坐标，错误数为纵坐标画出个人练习曲线。

五、讨论

1. 分析个人练习曲线。

2. 比较优势手和非优势手的差异并解释之。

第三十节　迷津实验

一、目的

学习使用触棒迷津，探讨动作技能形成的进程。

二、器材

JGW-B 型心理实验台迷津实验单元，计时计数器单元，打印单元。

三、步骤

1. 将迷津单元插入实验台中部操作箱下方凹槽。插入时迷津定位标志孔放在左侧。将迷津沿凹槽推进，使标志孔全部进入槽内。将触棒导连线插头插入操作箱左侧下方“探笔”插孔内。接通系统电源，按下计时计数器单元的计时计数键。

2. 事先不让被试看见迷津。被试坐在被试侧，优势手臂伸入套袖式测试口。主试将触棒交给被试，令其握好，并将棒引至槽内起始点。主试宣布指导语：“当我发出‘开始’口令后，请你操纵触棒沿槽前进，触棒进入盲巷，将发出一个声音，并计一次错误。你要改变路线探索前进，直至终点，计为学习一遍。请你一遍一遍地学习，至连续 3 遍没有错误地到达结束点为止。注意：①触棒不准离开迷津槽跳跃前进；②悬肘操作，被试手及手臂不能触及迷津，主试除非发现跨越一个象限的迂回，否则不予以提示。主试发出“开始”指令，同时按下操作箱内左侧下方“启动”键，计时计数器开始工作。

3. 每遍结束后，按下“打印”键，打印输出此次数据。

4. 打印完毕后，主试按计时计数器的“复位”键，复零后开始下一遍的学习。

四、结果

1. 列表整理每遍的练习结果。

2. 根据结果画出错误曲线和时间曲线。

五、讨论

1. 本实验所得练习曲线属于哪种形式?
2. 根据本实验的练习曲线，分析在排除视觉的条件下动作技能形成的进程及趋势。

第三十一节 Vincent 集体学习曲线

一、目的

学习使用镜画仪；学习绘制 Vincent 集体练习曲线。

二、器材

JGW-B 型心理实验台镜画仪单元，计时计数器单元，打印单元。

三、步骤

1. 将电源插头插入主试侧右方插座内，将光点闪烁仪面板上的电源开关打开。拨动计时计数器电源开关，接通电源。计时计数器显示为零。工作方式选择为“计时计数”。

2. 将镜画单元板（六角星形）插入实验台中部操作箱下方凹槽，插入时定位标志孔放在左侧，沿凹槽推进，使标志孔全部进入槽内。

3. 放下操作箱内悬镜，将探笔（触棒）导连线插头插入箱内左侧下方“探笔”插孔内。

4. 将光点闪烁仪面板上的“照明”开关拨至“开”，操作箱内照明灯亮。

5. 被试坐在被试位置，将优势手臂伸入套袖式测试口，主试将探笔交给被试，令其握好，并将探笔头放在图形右侧的启动点。

6. 主试宣布指导语:“我发出‘开始’口令后，请你用探笔从起始点依顺时针方向沿图形中间槽向前移动，要求不得触及槽两边金属部分，当探笔触到槽边时计数器计错误一次，并发出警告声。你要改正路线继续做下去（注意实验中途不得使探笔离开板面)，直至终点，此时视为练习一遍。”主试发“开始”口令，同时按下操作箱左下侧“启动”按钮，仪器开始计时和计错误次数。被试每画完一遍，主试记下该遍所用的时间和错误次数，然后按计时计数器“复位”键，准备下一遍的练习。

7. 重复 6 的操作，经过多次学习，直到连续 3 遍不出现错误为止，即认为镜画动作技能已经形成。

8. 更换其他被试重复上面的实验。

四、结果

1. 计算出每个人的学习总用时、练习总错误次数及每遍平均用时和每遍学习错误次数。
2. 画出 Vincent 集体学习曲线。

五、讨论

1. Vincent 集体学习曲线和梅尔顿集体学习曲线的区别（参见实验心理学书)。
2. 分析集体学习曲线与个人学习曲线的意义。

第三十二节　表情认知

一、目的

通过实验了解面部表情认知的基本特征。

二、器材

1. JGW-B 型心理实验台速示器单元，记录用纸（2 种，一种为白纸，另一种为事先印制好编号与描述各种表情的词语的记录纸）。

2. 面部表情卡片 6 张，包括：高兴、惊讶、恐惧、愤怒、厌恶、轻蔑 6 种。

3. 注视点卡片 1 张。

三、步骤

1. 接上电源，速示器电源选择“ON”，灯亮表示接通。用明度测试卡调节 A、B 视场的明度达到基本一致；在“工作方式选择”栏，将 A 选“定时”，B 选“背景”，选“A—B”顺序方式；在“时间选择”栏，将 A 定为“5000”；被试坐在桌前，面部贴紧速示器观察窗，两眼注视屏幕中心；将注视点卡片输入 B 视场，表情卡片按顺序依次输入 A 视场。

2. 将全体被试分为相等两组。A 组被试发给印好的记录纸，该记录纸横行为编号，纵列为各种表情词，指导语：“请你一张一张地看一些与记录纸上情绪词一致的表情图片，你判断是哪种表情，就在相应序号列中与之相匹配的情绪词格内打√”。B 组被试发给一张白纸，指导语为：“请你一张一张地看一些表情图片，要求你用形容词描述是何种表情，并按呈现顺序写在白纸上”。两组被试呈现卡片顺序相同，并且不允许两组之间互通信息。对每个被试测试完毕，询问他们是用什么辅助方法来辨认面部表情的？在下列选项中选择一种：a. 模仿面部表情并体验；b. 想象适合面部表情的情绪；c. 联想过去的经验；d. 其他程序或线索。

四、结果

分别统计两组对各种面部表情正确判断的百分数，并对两组判断的平均正确率进行显著性检验。

五、讨论

表情认知的线索。

第三十三节　颜色爱好测验

一、目的

通过测定颜色爱好的程度，学习用对偶比较法和等级排列法作顺序量表。

二、器材

不同颜色的笔一套（10 支）。

三、步骤

1. 对偶比较法

（1）实验前主试按对偶比较法原则排列呈现顺序，并制成相应的表格。每对色笔比较两次，两次比较时应颠倒两支笔的空间位置。

（2）主试按顺序成对地呈现不同颜色的笔，要求被试加以比较并报告两者中喜欢哪一个，被试必须选择其中的一个，而不能有折中答案。主试记下被试的选择结果，喜欢的记“1”分，不喜欢的记“0”。并将得分填到相应的格内。

2. 等级排列法

（1）主试要求被试依“最喜欢—最不喜欢”的顺序将 10 种颜色笔从左至右排好。主试记下结果，排在最左侧者计 10 分，然后依次减少 1 分，最右侧者计 1 分。

（2）主试要求被试依“最不喜欢—最喜欢”的顺序将 10 种颜色笔从左至右排好。主试记下结果，排在最左侧者计 1 分，然后依次递增 1 分，最右侧者计 10 分。

四、结果

1. 计算对偶比较法的等级顺序，并将其转换为等距量表。

2. 用等级排列法所得结果列出等级顺序。

五、讨论

分析两种程序的结果。

第三十四节 心理差异量测量

一、目的

通过测定辨别反应时间，检验刺激的不同特征与心理差异量的关系。

二、器材

1. JGW-B 型实验台速示器单元，计时计数器单元，手键一个。

2. 测试卡片三套，共 30 张。

第一套每张卡片上面有两个黑色圆形，圆的直径分别为 1cm、2cm、4cm、8cm，两两或自身匹配成对，共 10 张卡片。

第二套每张卡片上有面积相同形状不同的黑色多边形两个，多边形的边数分别为 4、6、8、12，两两或自身匹配成对，共 10 张卡片。

第三套每张卡片上有两个面积相同的圆，圆的颜色有红、绿、蓝、黄四种，两两或自身匹配成对。共 10 张卡片。

3. 注视点卡片一张。

三、步骤

1. 每套卡片随机排好顺序并列表，将顺序号写在卡片上，将应做出的正确反应填入表中相应位置。

实验顺序	1	2	3	4	5	6	7	8	9	10	11	……	30
应做出的正确反应													
被试的反应													
反应时													

2. 接上电源；将导连线的一端接速示器的“反应时输出”，另一端接计时计数器的“反应时输入”；反应时手键插头插在计时计数器被试侧“手键”插口上。

3. 速示器电源选择“ON”，灯亮表示接通。用明度测试卡调节 A、B 视场的明度达到基本一致；在“工作方式选择”栏，将 A 选“定时”，B 选“背景”，选“A—B”顺序方式；在“时间选择”栏，将 A 定为“0200”。

4. 打开计时计数器电源，电源灯亮，计时屏幕显示“0.000”,“正确次数”和“错误次数”均显示“0”，表示电源接通。“工作方式选择”为“反应时”。

5. 将注视点卡片输入 B 视场。被试坐在桌前，面部贴紧速示器观察窗，两眼注视屏幕中心的注视点，左、右两手示指分别放在手键的红、黄按钮上。

6. 指导语：“我发出‘预备’口令后实验开始，这个实验共分三部分。第一部分要求判断两个圆的大小是否相同，第二部分要求判断两个多边形边数是否相同，第三部分要求判断两个圆的颜色是否相同。如果你认为‘相同’就用左手示指按键，同时报告‘相同’；认为‘不同’就用右手示指按键，同时报告‘不同’。判断和按键要又准又快。”

7. 将实验卡片按顺序依次输入 A 视场，主试每输入一张卡片，发出“预备”口令 1～2 秒后按速示器的“触发”键，计时器自动记录被试每次的反应时间和反应结果。每套卡片呈现完毕后休息 5 分钟。

8. 按计时计数器的“打印”键，打印实验结果。

四、结果

1. 根据面积绝对差异量、相对差异量 (ΔI) 与反应时间的关系，分别画出曲线图。
2. 根据形状绝对差异量、相对差异量 (ΔI) 与反应时间的关系，分别画出曲线图。
3. 根据颜色差异与反应时间的关系画图。

五、讨论

1. 不同刺激特征与心理差异量的关系有哪些特点？
2. 刺激特征的绝对差异量、相对差异量与心理差异量的关系各有什么特点？

第三十五节　手动作的稳定性

一、目的

学习测定手动作的稳定性。检测情绪对手动作的稳定性的影响。

二、器材

JGW-B 型心理实验台，计时计数器单元，九洞仪。

三、步骤

1. 准备工作

（1）用导联线将九洞仪的计时、计数输出与心理实验台的计时、计数输入连接好，将测试笔的插头插入九洞仪的探笔插口。

（2）将电源插头插入实验台主试侧右方插座内，接通电源。开启计时、计数器电源开关，计时屏幕显示为：“0.000”秒，正确次数和错误次数均显示为“0”，工作方式选择“计时、计数”。

（3）指导语：“请你用优势手握住测试笔，悬肘使测试笔与九洞仪面垂直地伸入洞内，直到与洞底接触（这时九洞仪上方源灯亮）再取出。笔进出洞不得碰洞边，先进大洞完成三次不碰洞边算通过，每次完成一个洞三次，你就用测试笔点击九洞仪，结束点一次，然后向我报告完成哪个洞。如果对同一洞连续碰边两次，该洞就算没有通过，当笔碰边时九洞仪上方红灯亮并有报警声。完成大洞再依次进较小的洞，最后以三次通过的最小洞为止。”

（4）主试发出“预备”口令后，按动实验台操作箱内左侧“启动”按钮，被试开始实验，按上述要求作完实验后，另换一被试按同法进行测试，主试分别记录各被试通过的洞的直径和时间，并以三次通过的最小洞的直径的平均数的倒数作为动作稳定性的指标。

（5）主试设置比赛情境，激发各被试情绪状态，按上述步骤分别测试各被试在比赛情境下的动作稳定性的指标。

四、结果

1. 分别将每个被试通过九洞仪的最小洞号转换为手动作稳定性的指标，并比较其个体差异。

2. 比较正常情况和比赛情境下，每个被试动作稳定程度的差异。

五、讨论

如果要检验练习是否能增强手动作稳定性，应如何进行实验？

第三十六节　视深度知觉的测定

一、目的

比较双眼和单眼在辨别深度中的差异。

二、器材

深度知觉测试仪。

三、步骤

1. 学习使用深度知觉测试仪，被试坐在仪器面前，通过观察孔进行观察，以仪器内部三根立柱中两侧的立柱为标准刺激，距离被试两米，位置固定。以中间一根立柱为变异刺激，先由主试调到某一定的位置，然后由被试根据观察自由调节到他认为三根立柱在同一平面为止，主试记录误差。

2. 在双眼视觉的情况下，进行 20 次实验，其中有 10 次是变异刺激在前，由近向远调整；有 10 次是变异刺激在后，由远向近调整，顺序及距离随机安排，求出 10 次的平均结果。

3. 按照上述程序，再做单眼视觉实验 20 次，并求出平均结果。

四、结果

1. 分别计算各被试双眼和单眼 20 次测量误差的平均数。
2. 说明双眼视差在深度知觉中的作用。
3. 双眼和单眼在辨别远近中的误差与平均数（单位：mm）

五、讨论

1. 单眼和双眼在辨别远近中有无差异？原因何在？
2. 深度知觉研究的应用价值。

第二部分

心理测量与统计

第四章　心理测量学实验指导

第一节　个性测评

一、卡特尔 16 项人格因素问卷

卡特尔十六种人格因素测验（Catell 16 personality factor test，16PF）是美国伊利诺州立大学人格及能力测验研究所卡特尔教授经过几十年的系统观察和科学实验，以及用因素分析统计法慎重确定和编制而成的一种精确的测验。这一测验能以约四十五分钟的时间测量出十六种主要人格特征，凡具有相当于初三以上文化程度的人都可以使用。作为测量个性的工具之一，16PF 被广泛应用于个性测评、人才选拔、职业咨询等领域，具有较高的信度和效度。它从乐群、聪慧、敏感、独立、敢为、怀疑等 16 个相对独立的个性层面对被测者进行描绘，根据不同因素的组合全面评价整个个性，能够预测被测者的稳定性、承受压力能力、成熟度等，并可以了解应试者在心理健康、适应新环境、专业成就、创新能力等方面的表现。

十六种人格因素是各自独立的，相互之间的相关度极小，每一种因素的测量都能使被试某一方面的人格特征有清晰而独特的认识，更能对被试人格的十六种不同因素的组合做出综合性的了解，从而全面评价其整个人格。

十六种人格因素的含义如下：

因素 A——乐群性：低分特征：缄默，孤独，冷漠。高分特征：外向，热情，乐群。

因素 B——聪慧性：低分特征：思想迟钝，学识浅薄，抽象思考能力弱。高分特征：聪明，富有才识，善于抽象思考，学习能力强，思考敏捷正确。

因素 C——稳定性：低分特征：情绪激动，易生烦恼，心神动摇不定，易受环境支配。高分特征：情绪稳定而成熟，能面对现实。

因素 E——恃强性：低分特征：谦逊，顺从，通融，恭顺。高分特征：好强固执，独立积极。

因素 F——兴奋性：低分特征：严肃，审慎，冷静，寡言。高分特征：轻松兴奋，随遇而安。

因素 G——有恒性：低分特征：苟且敷衍，缺乏奉公守法的精神。高分特征：有恒负责，做事尽职。

因素 H——敢为性：低分特征：畏怯退缩缺乏自信心。高分特征：冒险敢为，少有顾忌。

因素 I——敏感性：低分特征：理智的，着重现实，自恃其力。高分特征：敏感，感情用事。

因素 L——怀疑性：低分特征：依赖随和，易与人相处。高分特征：怀疑，刚愎，固执己见。

因素 M——幻想性：低分特征：现实，合乎成规，力求妥善合理。高分特征：幻想的，狂放不羁。

因素 N——世故性：低分特征：坦白，直率，天真。高分特征：精明能干，世故。

因素 O——忧虑性：低分特征：安详，沉着，有自信心。高分特征：忧虑抑郁，烦恼自扰。

因素 Q1——实验性：低分特征：保守的，尊重传统观念与行为标准。高分特征：自由的，批评激进，不拘泥于现实。

因素 Q2——独立性：低分特征：依赖，随群附众。高分特征：自立自强，当机立断。

因素 Q3——自律性：低分特征：矛盾冲突，不顾大体。高分特征：知己知彼，自律谨严。

因素 Q4——紧张性：低分特征：心平气和，闲散宁静。高分特征：紧张困扰，激动挣扎。

二、艾森克人格量表

艾森克人格问卷（Eysenck personality questionaire，EPQ）由英国心理学家艾森克夫妇于1975年编制而成的。EPQ的中国版是由龚耀先主持修订的。

（一）EPQ的理论基础

EPQ的理论基础是艾森克的人格类型理论。艾森克认为人格类型是由3个基本维度构成，这3个基本维度分别是内倾－外倾、神经质和精神质，它们都有一定的生理基础。早期艾森克把大脑皮质的兴奋和抑制过程看作是内外倾的生理基础，后来因兴奋和抑制极难测量，于是改用觉醒的概念进行解释，根据他的理论，内倾者的网状激活系统的觉醒阈值较外倾者低，因而他们对刺激的反应较外倾者强烈。艾森克对神经质的生理解剖基础的认识在不同时期也存在一定的差异，开始时，艾森克把自主神经系统作为神经质的生理解剖基础，但一些评论家认为自主神经系统的测量结果与神经质之间缺乏相关，后来艾森克又提出内脏脑（visceral brain）即边缘系统（包括海马、杏仁核、扣带回、中隔和下丘脑）是神经质的解剖结构。相对于前两个人格维度，精神质的提出较晚，并且争议最大，虽然艾森克提出精神质与雄性激素的分泌有关，并且与精神分裂症高度相关，但目前尚缺乏系统而有控制的研究证据来支持这种假设。根据这3个人格维度理论假设，艾森克编制了EPQ。

（二）EPQ的结构和适用范围

EPQ分儿童问卷和成人问卷两种类型，两种类型的问卷都包含4个分量表，其中3个分量表用来测量上述3种人格维度，它们的名称分别为外倾性（E）、神经质（N）和精神质（P），还有一个量表是效度量表或说谎量表（L），用于识别受测者回答问题时的诚实程度。

英文版的EPQ儿童问卷共有97个项目，用于测量7～15岁的被试；成人问卷由101个项目组成，适用于年龄在16岁以上的被试。我国修订版的EPQ儿童和成人问卷均由88个项目组成，每个项目都有"是"和"不是"（或"否"）两个选项。例如项目"你是否对某些事物容易冒火"，选项为"是"和"否"。两类问卷的适用年龄范围同英文版。

（三）EPQ的施测程序

EPQ既可用于个别施测，也可用于团体施测。现在不仅可以用纸笔进行测试，也可在计算机上测试。下面以纸笔测试说明其施测程序。

1. 首先给被试一张答卷纸，要求被试填上姓名、性别、年龄、测验日期、职业、文化等。
2. 然后，发给被试测题，要求被试一边认真阅读测题的说明部分，一边听主试朗读其中的指导语。
3. 待被试掌握了答题方法后，即让被试单独完成所有测题的测试。

（四）EPQ的记分和分数的转换

EPQ的手册提供了各项目的记分方法，各项目号前无"–"的表示该项目若选"是"，则记 1 分，反之，若选“否”，则记 0 分；各项目号前有“-”的表示该项目若选“否”，则记 1 分，反之，若选“是”，则记 0 分。例如假设第 22 个项目，其项目号“22”前无“-”，则该项目选“是”得 1 分，选“否”（或“不是”）得 0 分；假设第 2 个项目，其项目号“2”前有“-”，则该项目选“否”（或“不是”）得 1 分，选“是”得 0 分；将各分量下的项目得分相加，便得到该分量表的原始总分。

根据被试的性别和年龄，便可以在手册中找到相应的常模对照表，即可以将各分量表的原始得分转化为平均数 50，标准差为 10 的 T 分数，然后在剖面图上将各分量表的 T 分数点相连，便可得到被试的人格特征曲线图。

（五）EPQ 结果的解释

EPQ 根据被试在各量表上的 T 分数不同，将被试区分为高分者、低分者和中间分数者，高低者临界值的划分有两种：一种是中间分数者占 50%，两端临界 T 值分别为 43.3 和 56.7；另一种是中间分数者占 75%，两端临界 T 值为 38.5 和 61.5。图 4-1 中里面两根实线所包含的被试比例为 50%，外面两根虚线所包含的被试比例为 75%。

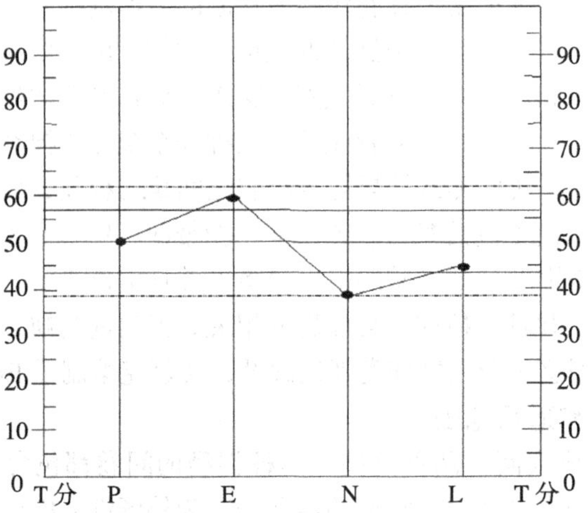

图 4-1 EPQ 量表剖面图

手册中给出了各分量表高低分者的特征，主试可以根据被试的得分参照手册中对高低分者特征的描述进行解释。例如图 4-1 中被试 E 的 T 分超过了 56.7，而 N 的 T 分处于 38.5 值上，我们可以参照 E 量表高分者特征和 N 量表低分者进行解释，但该被试的特征不如手册中描述的特征那么典型，主试还须参考被试的其他资料才能进行合理解释。下面列出 E 量表高分者特征的文字描述。

典型的外向（E 分特高）：爱交际，喜参加联欢会，朋友多，需要有人同他谈话，不爱一人阅读和作研究，渴望兴奋的事，喜冒险，向外发展，行动受一时冲动影响。喜实际的工作，回答问题迅速，漫不经心，随和，乐观，喜欢谈笑，宁愿动而不愿静，倾向进攻。总的说来是情绪失控制的人，不是一个很踏实的人。

此外，艾森克还将外倾性（E）和神经质（N）两个维度联合起来作垂直交叉分析，从而可以得到 4 种典型的人格类型，即外向稳定型、外向不稳定型、内向稳定型、内向不稳定型。如图 4-2 所示。

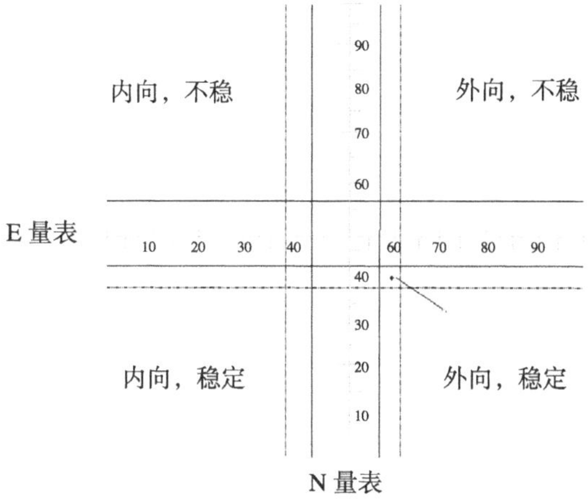

图 4-2 EPQ 量表 N 和 E 维度关系图

三、明尼苏达多项人格测验

(一)《明尼苏达多项人格调查表》简介

《明尼苏达多项人格调查表》(英文简称 MMPI)是由美国明尼苏达大学临床心理学系系主任哈撒韦(S.R.Hathaway)和心理治疗家麦金利 (J.C.Mckinley) 于 20 世纪 40 年代共同编著的。在编制过程中，他们进行了大量细致的研究工作。首先从大量病史、早期出版的人格量表以及心理医生的笔记中选编了大量的项目，然后对正常人和心理异常被试进行测量，经过重复测量、交叉测量以验证每个分量表的信度和效度。MMPI 的项目内容范围非常广泛，包括身体各方面的状态(如神经系统、心血管系统、生殖系统等)，精神状态以及对家庭、婚姻、宗教、政治、法律、社会等态度。几十年来，MMPI 一直被广泛应用，翻译成各种版本达 100 余种，应用范围也扩展到诸如心理学、医学、人类学和社会学等领域的研究工作中。

MMPI 的目的是试图对人的人格特点提供客观的评价。测验为 399 及 566 题两种，主要包含十个与临床有关的指标及五个研究量表指标。

十个与临床有关的指标：

(1) Hs (hypochondriasis，疑病);

(2) D (depression，抑郁);

(3) Hy (hysteria，癔症);

(4) Pd (psychopathic deviate，心理变态);

(5) Mf (masculinity-femininity，男性化 - 女性化);

(6) Pa (paranoia，偏执);

(7) Pt (psychasthenia，精神衰弱);

(8) Sc (schizophrenia，精神分裂);

(9) Ma (hypomania，轻躁症);

(10) Si (social introversion，社会内向)。

五个研究量表指标：

(1) 外显性焦虑 (Mas);

（2）依赖性（Dy）;

（3）支配性（Do）;

（4）社会责任（Re）;

（5）控制力（Cn）

及其他三个因素：

（1）说谎或掩饰（L）;

（2）诈分（F）;

（3）校正分（K）

在中国，宋维真从1980年开始主持试用修订MMPI，于1989年完成了标准化工作，取得了中国版的信度和效度资料，并制定了中国常模。可用于测量16岁以上具有初中文化程度的中国人。

（二）《明尼苏达多项人格调查表》的使用

1. 适用范围　本测验适用于年满16岁、初中以上文化水平及没有什么影响测验结果的生理缺陷的人群。

2. 施测时间　约1～2小时

3. MMPI的施测程序　在实际应用中，问卷式使用较多，问卷式的施测程序一般如下所示：

（1）主试者在测试前必须熟悉调查表的内容和指导语等测验材料，对被试的身体状况和理解能力及识字能力进行了解；

（2）尽量保持施测环境的安静，使得测验场所的温度和亮度适当；

（3）正式测验时，主试阅读指导语，并说明测验所需的大约时间，然后被试开始答题，一般答完前399道题即可。主试需认真检查被试的姓名、性别和住址等是否填好，所答题号与答卷上的题号是否相符等。

4. 测验的记分和分数的转换　MMPI常见的记分方法有两种：一种是微电脑记分，将答题卡放入光电阅读器内，自动计算结果来，这种方法需要指定硬度的铅笔及固定型号的答题纸；另一种是模板记分，需借助14张模板（每个量表一张，Mf量表男女各一张），每张模板上均有一定的数量的与题号相同的记分圆洞，具体步骤如下：

（1）将答卷纸按被试性别分开；

（2）将答卷纸上同一题划有“是”和“否”两种答案的题号用颜色笔划去，将划去的项目数量与未作答的项目数量相加，如果是566个项目的问卷，则超过30分则答卷无效，如果是399个项目的问卷，则超过22分则答卷无效。

（3）将每个量表的模板依次覆盖在答卷上，数好模板上有多少个圆洞画上了符号，这个数目就是此量表的原始分数，然后将此分数登记在此量表的原始分数栏内。

（4）在Hs、Pd、Pt、Sc、Ma 5个量表的原始分数上加K分，方法是：Hs+0.5K、Pd+0.4K、Pt+1.0K、Sc+1.0K、Ma+0.2K。

（5）将各量表的原始分数都登记在剖面图的原始分数栏内。

（6）原始分数计算出来后，须将其转换成平均数为50，标准差为10的T分数，该分数可以查获得，其原始计算公式为：

$$T = 50 + \frac{10\,(X-\bar{X})}{SD}$$

（其中 X 为被试的原始得分，$\overline{X}$ 为该被试所在团体的平均得分，SD 为该团体得分的标准差）

（7）获得 T 分数之后，将其登记在剖面图上，并将各点相连，这就获得了被试的人格特征曲线。

5. 测验结果的解释 MMPI 的解释有两种，一种是分量表解释，即主要考虑各量表的高分特点（T 分在 60 分以上便视为可能有心理病理性异常表现或某种心理偏离现象）。另一种是编码系统分析，MMPI 中国版中主要采用两点编码进行解释，即根据得分最高的两个量表的数字符号，在手册中找到其相应的解释。

6. 临床量表中与高分有关的人格特征

（1）疑病（Hs）(共 33 题)：高分者表明有许多模糊的身体问题，这些问题倾向于慢性、心理治疗反应欠佳，高分者一般表现为不愉快、自我中心，发牢骚、诉苦、有敌意、要求高和引人注目。

（2）抑郁（D）(共 60 题)：分数升高反映有抑郁情绪，缺乏自尊心和感觉不适，这是临床患者最常见的高分量表之一，高分者表现为易怒、胆小、依赖、悲观、烦恼、易激动、懒散、过度控制及自罪，高分反映有很不舒适的感觉，需要改变或减轻症状。

（3）癔症（hy）(共 60 题)：高分者倾向于依赖性、神经症性防卫，以否认和压抑来对付心理压力，高分者表现为依赖、天真、外露、幼稚和自我陶醉，他们的人际关系常被破坏，对问题缺少自知之明，高分者中，强烈的心理压力常常带来躯体的症状；在临床检查阴性的女患者中，本量表分数出现高峰，高分者虽常对暗示有反应，但却又抵制以内省为主的治疗，他们表现为低水平的心理欲望，把心理问题说成是躯体问题。

（4）心理变态（Pd）(共 40 题)：与反社会行为有关，难以控制，家庭关系破裂冲动、难以遵守学习、工作纪律或法律，有酒精中毒或滥用药物等。高分者中可能有人格特征障碍，如表现外露、善于交际、可爱但会骗人，做作、好享乐、好出风头、判断力差，不可信赖、不成熟、有敌意、好寻衅。他们常在婚姻或家庭关系方面存在问题和有法律方面的纠葛，高分一般反映有性格问题，并对治疗有强大的阻力，高分者可能会接受治疗，但通常会很快中断。

（5）男性化 – 女性化（Mf）(共 60 题)：高分的男性，表现敏感爱美，被动或女性化。他们可出现对同性的冲动而降低对异性的动机。低分的男人被视为兴趣狭窄。高分的女性被视为男性化，粗鲁、好攻击、自信、缺乏感情、不敏感。低分的女性表现为被动屈服，诉苦，吹毛求疵，理想主义、敏感。

（6）偏执（Pa）(共 40 题)：此量表分数过分升高经常与多疑、孤独、精明、警惕、容易烦恼以及过分敏感有关。高分者可能表现为怪罪和怀有怨恨别人的投射防卫机制。高分一般具有敌意和爱争辩的特点，而且不太愿意接受心理治疗，低分者原始分在 6 分以下可表现为谨慎小心，逃避及偏执行为。

（7）精神衰弱（Pt）(共 48 题)：高分者表现为紧张、焦虑、多思、心神不定、强迫、恐怖、刻板，他们常有自责、自罪和自感能力下降及精力不足，量表峰形升高的求诊者表现为过于理智、多思，并不能接受治疗中的心理解释。

（8）精神分裂（Sc）(共 78 题)：高分者表现为异乎寻常或分裂的生活方式，他们表现为退缩、胆小、缺少内心体验、紧张、混乱及易怒。可出现特异或奇怪的想法，判断力差及反复无常的情绪。分数很高可表现为与现实接触差，感觉体验古怪，有妄想和幻觉。高分者对治疗关系可能有一定的困难，他们缺乏知识和解决问题的技能。

（9）轻躁症（Ma）（共46题）：高分者表现为善于交际、外露、冲动、精力过于充沛、乐观、不受约束的道德观念、轻浮、暴饮、夸张、易怒、过于乐观及不现实的计划。他们过高估计自己及过于做作，他们表现急躁易怒，得分很高的人，可能表现有情感障碍、行为古怪、情绪反复无常、行为冲动，还可能有妄想。

（10）社会内向（Si）（共70题）：高分者具有内向、怕羞、退缩、社交节制、屈从、过分控制、懒散、守旧、紧张、固执的特点及表现自罪。低分者具有外向、外露、爱交际、富于表情、爱寻衅、健谈、冲动、不受拘束、自发、做作、投机等特点。他们在社会关系中常缺乏诚意。

第二节　心理健康测验

一、90项症状自评量表

症状自评量表（self-reporting inventory），又名90项症状清单（SCL-90），也叫做Hopkin’s症状清单（HSCL，编制年代早于SCL-90，作者为同一人，HSCL最早版编于1954年）。于1975年编制，其作者是德若伽提斯（L.R.Derogatis）。该量表共有90个项目，包含有较广泛的精神病症状学内容，从感觉、情感、思维、意识、行为直至生活习惯、人际关系、饮食睡眠等，均有涉及，并采用10个因子分别反映10个方面的心理症状情况。

1. 量表特点

（1）心理健康症状自评量表具有容量大、反映症状丰富、更能准确刻画被试的自觉症状等特点。它包含有较广泛的精神病症状学内容，从感觉、情绪、思维、行为直至生活习惯、人际关系、饮食睡眠等均有所涉及。

（2）它的每一个项目均采取1～5级评分，具体说明如下：

没有：自觉并无该项问题（症状）；

很轻：自觉有该问题，但发生的并不频繁、严重；

中等：自觉有该项症状，其严重程度为轻到中度；

偏重：自觉常有该项症状，其程度为中到严重；

严重：自觉该症状的频度和强度都十分严重。

作为自评量表，这里的“轻、中、重”的具体涵义应该由自评者自己去体会，不必做硬性规定。

（3）适用范围广。本测验适用对象包括初中生至成人。本测验的目的是从感觉、情感、思维、意识、行为直到生活习惯、人际关系、饮食睡眠等多种角度，评定一个人是否有某种心理症状及其严重程度如何。它对有心理症状（即有可能处于心理障碍或心理障碍边缘）的人有良好的区分能力。适用于测查某人群中哪些人可能有心理障碍、某人可能有何种心理障碍及其严重程度如何。不适合于躁狂症和精神分裂症。本测验不仅可以自我测查，也可以对他人（如其行为异常，有患精神或心理疾病的可能）进行核查，假如发现得分较高，则应进一步筛查。

2. 量表包含内容　心理健康症状自评量表是为了评定个体在感觉、情绪、思维、行为直至生活习惯、人际关系、饮食睡眠等方面的心理健康症状而设计的。本测验共90个自我评定项目。测验的九个因子分别为：躯体化、强迫症状、人际关系敏感、抑郁、焦虑、敌对、恐怖、偏执及精神病性。

（1）躯体化：包括 1、4、12、27、40、42、48、49、52、53、56 和 58，共 12 项。该因子主要反映主观的身体不适感。

（2）强迫症状：3、9、10、28、38、45、46、51、55 和 65、共 10 项，反映临床上的强迫症状群。

（3）人际关系敏感：包括 6、21、34、36、37、41、61、69 和 73，共 9 项。主要指某些个人不自在感和自卑感、尤其是在与其他人相比较时更突出。

（4）抑郁：包括 5、14、15、20、22、26、29、30、31、32、54、71 和 79，共 13 项。反映与临床上抑郁症状群相联系的广泛的概念。

（5）焦虑：包括 2、17、23、33、39、57、72、78、80 和 86，共 10 个项目。指在临床上明显与焦虑症状群相联系的精神症状及体验。

（6）敌对：包括 11、24、63、67、74 和 81，共 6 项。主要从思维、情感及行为三方面来反映患者的敌对表现。

（7）恐怖：包括 13、25、47、50、70、75 和 82，共 7 项。它与传统的恐怖状态或广场恐怖所反映的内容基本一致。

（8）偏执：包括 8、18、43、68、76 和 83，共 6 项。主要是指猜疑和关系妄想等。

（9）精神病性：包括 7、16、35、62、77、84、85、87、88 和 90，共 10 项。其中幻听、思维播散、被洞悉感等反映精神分裂样症状项目。

19、44、59、60、64、66 及 89 共 7 个项目，未能归入上述因子，它们主要反映睡眠及饮食情况。我们在有些资料分析中，将之归为因子 10“其他”。

3. 施测步骤

（1）在开始评定前，先由工作人员把总的评分方法和要求向受检者交代清楚。然后让其做出独立的、不受任何人影响的自我评定，并用铅笔填写。

（2）对于文化程度低的自评者，可由工作人员逐项念给他听，并以中性的、不带任何暗示和偏向地把问题本身的意思告诉他。

（3）评定的时间范围是“现在”或者是“最近一个星期”的实际感觉。

（4）评定结束时，由本人或临床咨询师逐一查核，凡有漏评或者重新评定的，均应提醒自评者再考虑评定，以免影响分析的准确性。

4. 测验的记分

SCL-90 的统计指标主要为两项，即总分和因子分。

（1）总分：90 个项目单项分相加之和，能反映其病情严重程度。

（2）总均分：总分 /90，表示从总体情况看，该受检者的自我感觉位于 1～5 级间的哪一个分值程度上。

（3）阳性项目数：单项分≥2 的项目数，表示受检者在多少项目上呈有“病状”。

（4）阴性项目数：单项分 =1 的项目数，表示受检者“无症状”的项目有多少。

（5）阳性症状均分：（总分 – 阴性项目数的总分）/ 阳性项目数，表示受检者在“有症状”项目中的平均得分。反映受检者自我感觉不佳的项目，其严重程度究竟介于哪个范围。

（6）因子分共包括 10 个因子，即所有 90 个项目分为 10 大类。每一因子反映受检者某一方面的情况，因而通过因子分可以了解受检者的症状分布特点，并可作廓图（profile）分析。

5. 测验结果的解释　量表作者未提出分界值，按全国常模结果，总分超过 160 分，或阳性项目数超过 43 项，或任一因子分超过 2 分，需考虑筛选阳性，需进一步检查。

总症状指数：是指总的来看，被试的自我症状评价介于“没有”到“严重”的哪一个水平。总症状指数的分数在 1 ~ 1.5 之间，表明被试自我感觉没有量表中所列的症状；在 1.5 ~ 2.5 之间，表明被试感觉有点症状，但发生得并不频繁；在 2.5 ~ 3.5 之间，表明被试感觉有症状，其严重程度为轻到中度；在 3.5 ~ 4.5 之间，表明被试感觉有症状，其程度为中到严重；在 4.5 ~ 5 之间表明被试感觉有，且症状的频度和强度都十分严重。

阳性项目数：是指被评为 2 ~ 5 分的项目数分别是多少，它表示被试在多少项目中感到“有症状”。

阴性项目数：是指被评为 1 分的项目数，它表示被试“无症状”的项目有多少。

阳性症状均分：是指个体自我感觉不佳的项目的程度究竟处于哪个水平。其意义与总症状指数相同。

各因子测验结果解释如下：

（1）躯体化：主要反映身体不适感，包括心血管、胃肠道、呼吸和其他系统的不适和头痛、背痛、肌肉酸痛，以及焦虑等躯体不适表现。

该分量表的得分在 0 ~ 48 分之间。得分在 24 分以上，表明个体在身体上有较明显的不适感，并常伴有头痛、肌肉酸痛等症状。得分在 12 分以下，躯体症状表现不明显。总的说来，得分越高，躯体的不适感越强；得分越低，症状体验越不明显。

（2）强迫症状：主要指那些明知没有必要，但又无法摆脱的无意义的思想、冲动和行为，还有一些比较一般的认知障碍的行为征象也在这一因子中反映。

该分量表的得分在 0 ~ 40 分之间。得分在 20 分以上，强迫症状较明显。得分在 10 分以下，强迫症状不明显。总的说来，得分越高，表明个体越无法摆脱一些无意义的行为、思想和冲动，并可能表现出一些认知障碍的行为征兆。得分越低，表明个体在此种症状上表现越不明显，没有出现强迫行为。

（3）人际关系敏感：主要是指某些人际的不自在与自卑感，特别是与其他人相比较时更加突出。在人际交往中的自卑感、心神不安、明显的不自在，以及人际交流中的不良自我暗示，消极的期待等是这方面症状的典型原因。

该分量表的得分在 0 ~ 36 分之间。得分在 18 分以上，表明个体人际关系较为敏感，人际交往中自卑感较强，并伴有行为症状（如坐立不安、退缩等）。得分在 9 分以下，表明个体在人际关系上较为正常。总的说来，得分越高，个体在人际交往中表现的问题就越多，自卑，自我中心越突出，并且已表现出消极的期待。得分越低，个体在人际关系上越能应付自如，人际交流自信、胸有成竹，并抱有积极的期待。

（4）抑郁：苦闷的情感与心境为代表性症状，还以生活兴趣的减退，动力缺乏，活力丧失等为特征。还表现出失望、悲观以及与抑郁相联系的认知和躯体方面的感受，另外，还包括有关死亡的思想和自杀观念。

该分量表的得分在 0 ~ 52 分之间。得分在 26 分以上，表明个体的抑郁程度较强，生活缺乏足够的兴趣，缺乏运动活力，极端情况下，可能会有想死亡的思想和自杀的观念。得分在 13 分以下，表明个体抑郁程度较弱，生活态度乐观积极，充满活力，心境愉快。总的说来，得分越高，抑郁程度越明显；得分越低，抑郁程度越不明显。

（5）焦虑：一般指那些烦躁，坐立不安，神经过敏，紧张以及由此产生的躯体征象，如震颤等。

该分量表的得分在 0 ~ 40 分之间。得分在 20 分以上，表明个体较易焦虑，易表现出烦躁、不安静和神经过敏，极端时可能导致惊恐发作。得分在 10 分以下，表明个体不易焦虑，易表现出安定的状态。总的说来，得分越高，焦虑表现越明显；得分越低，越不会导致焦虑。

（6）敌对：主要从三方面来反映敌对的表现：思想、感情及行为。其项目包括厌烦的感觉，摔物，争论直到不可控制的脾气暴发等各方面。

该分量表的得分在 0 ~ 24 分之间。得分在 12 分以上，表明个体易表现出敌对的思想、情感和行为。得分在 6 分以下表明个体容易表现出友好的思想、情感和行为。总的说来，得分越高，个体越容易敌对，好争论，脾气难以控制。得分越低，个体的脾气越温和，待人友好，不喜欢争论、无破坏行为。

（7）恐怖：恐惧的对象包括出门旅行，空旷场地，人群或公共场所和交通工具。此外，还有社交恐怖。

该分量表的得分在 0 ~ 28 分之间。得分在 14 分以上，表明个体恐怖症状较为明显，常表现出社交、广场和人群恐惧，得分在 7 分以下，表明个体的恐怖症状不明显。总的说来，得分越高，个体越容易对一些场所和物体发生恐惧，并伴有明显的躯体症状。得分越低，个体越不易产生恐怖心理，越能正常的交往和活动。

（8）偏执：主要指投射性思维，敌对，猜疑，妄想，被动体验和夸大等。

该分量表的得分在 0 ~ 24 分之间。得分在 12 分以上，表明个体的偏执症状明显，较易猜疑和敌对，得分在 6 分以下，表明个体的偏执症状不明显。总的说来，得分越高，个体越易偏执，表现出投射性的思维和妄想，得分越低，个体思维越不易走极端。

（9）精神病性：反映各式各样的急性症状和行为，即限定不严的精神病性过程的症状表现。

该分量表的得分在 0 ~ 40 分之间。得分在 20 分以上，表明个体的精神病性症状较为明显，得分在 10 分以下，表明个体的精神病性症状不明显。总的说来，得分越高，越多地表现出精神病性症状和行为。得分越低，就越少表现出这些症状和行为。

（10）其他项目（睡眠、饮食等）：作为附加项目或其他，作为第 10 个因子来处理，以便使各因子分之和等于总分。

二、大学生人格健康量表 (UPI)

（一）UPI 简介及构成

UPI 是 university personality inventory（直译：大学人格问卷）的简称。UPI 是为了早期发现、早期治疗有心理问题的学生而编制的大学生精神健康调查表。调查表是由 1966 年参加全日本大学保健管理协会的日本大学心理咨询员和精神科医生集体编制而成的。

UPI 主要以大学新生为对象，入学时作为精神卫生状况实态调查而使用，以了解学生中神经症、心身症、精神分裂症以及其他各种学生的烦恼、迷惘、不满、冲突等状况的简易的问卷。

UPI 由以下三部分构成：

第一部分是学生的基本情况。包括学生的姓名、性别、年龄、住址、联系方式、家庭情况、兴趣爱好、入学动机等。这部分内容作为问卷分析时供参考之用。

第二部分是 UPI 问卷本身。由 60 个项目构成，其中 4 个项目是测伪尺度 (lie scale)，其题号是 5、20、35、50。其余 56 个是反映学生的苦恼、焦虑、矛盾等症状项目。

第三部分是附加题，主要是了解被测者对自身身心健康状态的总评价以及是否接受过心理咨询的治疗，有什么咨询要求。

(二) UPI 实施程序及要求

UPI 实施程序：心理卫生知识普及→ UPI 调查→分类筛选→请来咨询→ ABC 分类。

UPI 实施要求：

A. 调查时间一般定在新生正式上课后的第二周或第三周为宜；

B. 调查人员测试前要了解 UPI 的有关内容和明确实施过程；

C. UPI 调查时应向学生讲明调查的目的，打消疑虑；

D. 请来咨询的约请信直接发给学生本人，不要通过班主任、辅导员转交，以免增加学生的压力和负担。请来咨询的结果应保密，一般情况下不与所在系联系，但学生有自杀倾向等危机状态时，为了安全起见，可与有关部门联系。

(三) UPI 的记分及分数解释

1. UPI 的记分方法　UPI 测验完成后，需要计算的只有一个指标，即总分。UPI 问卷共 60 个问题，其中有 4 个测伪题 (第 5、20、35、50 题)。UPI 采用是非式选择，肯定选择的题记 1 分，否定选择的题记 0 分，UPI 总分的计算规则是将除测伪题以外的其他 56 个题的得分求总和，所以，UPI 总分最高为 56 分，最低为 0 分。

2. UPI 的筛选规则　UPI 的筛选标准视研究需要和使用者的具体情况而定，国内高校普遍采用的筛选标准如下所示：

第一类筛选标准：满足下列条件之一者应归为第一类：

(1) UPI 总分在 25 分 (包括 25 分) 以上者；

(2) 第 25 题做肯定选择者；

(3) 辅助题中同时至少有两题做肯定选择者；

(4) 明确提出咨询要求者 (由于此条选择人数较多，有时不用)。

第二类筛选标准：满足下列条件之一者应归为第二类：

(1) UPI 总分在 20 分至 25 分 (包括 20 分，不包括 25 分) 之间者；

(2) 第 8，16，26 题中有一题做肯定选择者；

(3) 辅助题中只有一题作肯定选择者；

第三类筛选标准：不属于第一类和第二类者应归为第三类。

其中第一类为可能有较明显心理问题的学生，应尽快约请进行咨询。

3. UPI 结果的评价与分类：在请来咨询的第一类学生中，通过进一步的诊断被认为确有心理卫生问题的学生称为 A 类学生，该类学生需要进行持续的心理咨询。

没有严重心理卫生问题的学生称为 B 类学生，该类学生可作为咨询机构今后关注的对象。没有任何心理卫生问题的学生称为 C 类学生。

关于 A、B、C 三类如何判定，主要是根据咨询员的经验。下面的特征可供诊断时参考：

A 类：各类神经症 (恐怖症、强迫症、焦虑症、严重的神经衰弱等)，有精神分裂症倾向、悲观厌世、心理矛盾冲突激烈，明显影响正常生活、学习者，这类学生可立即预约下次咨询时间，每周或隔周面谈一次，直至症状减轻。

B 类：存在一般心理问题，如人际关系不协调，新环境不适应等。这类学生有种种烦恼，但仍能够维持正常学习和生活。对他们提供帮助的同时请他们有问题时，随时咨询。

其余为 C 类，对他们通过面谈可以起到预防的作用。他们的症状暂时不明显或已经解决，以后出现症状，知道咨询机构可以提供帮助。

把握 A、B、C 分类也可以从比率上入手。目前各种调查表明，大学生中心理障碍发生率在 20% 左右，其中心理症比较严重者约占 1% ～2%。UPI 调查中，A 类学生约占总体被测的 1% ～2%。

A、B、C 分类的目的是筛选出重点帮助和关心的对象，使那些有明显心理症状的学生通过心理咨询和心理治疗，症状减轻，问题缓解，逐步正常化。各校可以根据学生的人数、咨询人员的力量，在有条件的情况下多请一些学生持续面谈，一直到他们可以独立应付生活中的各种事件。在人手缺乏的学校，也可以少请一些学生。A 类并不是肯定有神经症或精神病，而只是有某些症状，需要继续提供帮助和指导。

此外，为了对 A 类诊断更为准确，可以借助其他测验手段，如采用 CMI(康奈尔健康问卷)，可以对神经症的判定提供参考。也可用 16PF、MMPI 等。

4. UPI 的统计分析：从总体上了解和把握新生心理健康实态是 UPI 的另一主要作用，因此，除了根据筛选标准找出可能有心理问题的学生外，UPI 的统计分析也非常重要。

UPI 的统计指标：

（ 1 ）入学新生的总人数。

（ 2 ）参加 UPI 测试的人数及其占全体入学人数的比率 (即施测率)。

（ 3 ）根据筛选标准选出的第一类学生 (即需要约请来咨询的学生) 的人数及其占施测学生人数的比率 (即一类筛选率)。

（ 4 ）按约请信的要求实际来咨询机构面谈的学生人数及其占被邀请人数的比率。

（ 5 ）来面谈的学生中分别被定为 A 类、B 类、C 类的学生人数及其分别占来面谈学生人数的比率。

（ 6 ）A 类学生占全体施测学生人数的比率。

（ 7 ）统计各项目的选择频数，即分别计算在 UPI 各项目上做肯定选择的人数及其占施测总人数的比率，该统计指标可反映学生的心理问题主要表现在哪些方面 (要特别注意关键项目的频数以及认为自己心理卫生方面存在问题的学生比例和主动提出咨询要求的人数)。

（ 8 ）总分分布统计，即分别计算每个 UPI 得分上的人数及其占施测总人数的比率，该指标可反映出学生在 UPI 总分各个分数上的分布情况，使我们可以从总体上把握学生心理健康状况 (要特别注意 25 分以上学生所占比例)。

（ 9 ）不同学生群体之间的比较。为使心理教育和心理咨询机构的工作更具有针对性，有必要对不同群体的学生在以上各统计指标上进行比较研究，如男生与女生之间、系与系之间、农村生源与城市生源之间、应届生与往届生之间等，通过比较分析，可找出差异，对症施治。

大学生人格问卷（UPI）

编 号________ 姓 名________ 性 别____ 年 龄____ 测 验 日 期__________

指导语：以下问题是为了解你的健康状况并为了增进您的身心健康而设计的调查。请你按题号的顺序阅读，在最近一年中你常常感觉到或体验到的项目上做“O”选择。为了使你顺利完成大学学业，身心健康地去迎接新生活，请你真实选择。

1. 食欲缺乏。
2. 恶心、胃口难受、肚子痛。
3. 容易拉肚子或便秘。
4. 关注心悸和脉搏。
5. 身体健康状况良好。
6. 牢骚和不满多。
7. 父母期望过高。
8. 自己的过去和家庭是不幸的。
9. 过于担心将来的事情。
10. 不想见人。
11. 觉得自已不是自己。
12. 缺乏热情和积极性。
13. 悲观。
14. 思想不集中。
15. 情绪起伏过大。
16. 常常失眠。
17. 头痛。
18. 脖子、肩膀酸痛。
19. 胸痛憋闷。
20. 总是朝气蓬勃。
21. 气量小。
22. 爱操心。
23. 焦躁不安。
24. 容易动怒。
25. 想轻生。
26. 对任何事都没兴趣。
27. 记忆力减退。
28. 缺乏耐性。
29. 缺乏决断能力。
30. 过于依赖别人。

31. 为脸红而苦恼。
32. 口吃、声音发颤。
33. 身体忽冷忽热。
34. 常常注意排尿和性器官。
35. 心情开朗。
36. 莫明其妙地不安。
37. 一个人独处时感到不安。
38. 缺乏自信心。
39. 办事畏首畏尾。
40. 容易被人误解。
41. 不相信别人。
42. 过于猜疑。
43. 厌恶交往。
44. 感到自卑。
45. 杞人忧天。
46. 身体倦乏。
47. 一着急就出冷汗。
48. 站起来就头晕。
49. 有过昏迷或抽搐。
50. 人缘好受欢迎。
51. 过于拘泥。
52. 对任何事情不反复确认就不放心。
53. 对脏很在乎。
54. 摆脱不了毫无意义的想法。
55. 觉得自己有怪气味。
56. 别人在自己背后说坏话。
57. 总注意周围的人。
58. 在乎别人的视线。
59. 觉得别人轻视自己。
60. 情绪易被破坏。
61. 至今，你感到自身健康方面有问题吗？
62. 至今，你曾觉得心理卫生方面有问题吗？
63. 至今，你曾接受过心理咨询与治疗吗？
64. 你有健康或心理方面想咨询的问题吗？

三、抑郁自评量表

抑郁自评量表，英文名称：self-rating depression scale。由 Zung(1968) 编制的抑郁自评量表 (SDS)，是使用最广泛的抑郁症测试工具之一，特别是在精神科和医学界。它的使用和计分简便易行。SDS 含有 20 个项目，20 个题目都按症状本身出现的程度分为 4 级。患者可根据自己的感觉分别做出没有、很少时间有、大部分时间有或全部时间都有的反应。这个量表题目是平衡的，一半题目表现消极症状，另一半题目反映积极症状，很容易评分。也可以作为临床检查目录使用。

1. 量表内容　请根据您近一周的感觉来进行评分，数字的顺序依次为从无、有时、经常、持续。

1. 我感到情绪沮丧，郁闷 1 2 3 4
*2. 我感到早晨心情最好 4 3 2 1
3. 我要哭或想哭 1 2 3 4
4. 我夜间睡眠不好 1 2 3 4
*5. 我吃饭像平时一样多 4 3 2 1
*6. 我的性功能正常 4 3 2 1
7. 我感到体重减轻 1 2 3 4
8. 我为便秘烦恼 1 2 3 4
9. 我的心跳比平时快 1 2 3 4
10. 我无故感到疲劳 1 2 3 4
*11. 我的头脑像往常一样清楚 4 3 2 1
*12. 我做事情像平时一样不感到困难 4 3 2 1
13. 我坐卧不安，难以保持平静 1 2 3 4
*14. 我对未来感到有希望 4 3 2 1
15. 我比平时更容易激怒 1 2 3 4
*16. 我觉得决定什么事很容易 4 3 2 1
*17. 我感到自己是有用的和不可缺少的人 4 3 2 1
*18. 我的生活很有意义 4 3 2 1
19. 假若我死了别人会过得更好 1 2 3 4
*20. 我仍旧喜爱自己平时喜爱的东西 4 3 2 1

2. 评分方法　SDS 采用 4 级评分，主要评定症状出现的频度，其标准为：“1”表示没有或很少时间有；“2”表示有时有；“3”表示大部分时间有；“4”表示绝大部分或全部时间都有。

3. 分析指标　SDS 的主要统计指标为总分。将 20 个项目的各个得分相加，即得粗分，总粗分的正常上限为 41 分，分值越低状态越好。用粗分乘以 1.25 以后取整数部分，就得到标准分，或者可以查表作相同的转换。Zung 根据美国受试者测评结果，规定 SDS 的标准分 50 分作为抑郁症状分界值。

四、焦虑自评量表

焦虑是个体主观预料将会有某种不良后果产生或模糊的威胁出现时的一种不安情绪，并伴有忧虑、烦恼、害怕、紧张等情绪体验。被焦虑所困扰的大学生常表现出烦躁不安、坐卧不宁、思维受阻、行为不灵活、动作不敏捷、身体不舒服、睡眠有障碍、食欲缺乏等。严重的焦虑能使人失去一切情趣和希望，导致心理疾病。因此，在咨询中为了了解来询者焦虑状况，常用焦虑自评量表。焦虑自评量表 (self-rating anxiety scale ，SAS) 由华裔教授 Zung 编制（1971）。从量表构造的形式到具体评定的方法，都与抑郁自评量表 (SDS) 十分相似，是一种分析患者主观症状的相当简便的临床工具。由于焦虑是心理咨询门诊中较常见的一种情绪障碍，所以近年来 SAS 是咨询门诊中了解焦虑症状的常用量表。

1. 量表内容 SAS 含有 20 个项目，希望引出的 20 条症状（括号中为症状名称部分）是：

（1）我觉得比平常容易紧张和着急（焦虑）。

（2）我无缘无故地感到害怕（害怕）。

（3）我容易心里烦乱或觉得惊恐（惊恐）。

（4）我觉得我可能将要发疯（发疯感）。

（5）我觉得一切都很好，也不会发生什么不幸（不幸预感）。

（6）我手脚发抖打颤（手足颤抖）。

（7）我因为头痛、颈痛和背痛而苦恼（躯体疼痛）。

（8）我感觉容易衰弱和疲乏（乏力）。

（9）我觉得心平气和，并且容易安静坐着（静坐不能）。

（10）我觉得心跳很快（心悸）。

（11）我因为一阵阵头晕而苦恼（头昏）。

（12）我有晕倒发作或觉得要晕倒似的（晕厥感）。

（13）我呼气吸气都感到很容易（呼吸困难）。

（14）我手脚麻木和刺痛（手足刺痛）。

（15）我因为胃痛和消化不良而苦恼（胃痛或消化不良）。

（16）我常常要小便（尿意频数）。

（17）我的手常常是干燥温暖的（多汗）。

（18）我脸红发热（面部潮红）。

（19）我容易入睡并且一夜睡得很好（睡眠障碍）。

（20）我做噩梦（噩梦）。

2. 评分方法 SAS 采用 4 级评分，主要评定症状出现的频度，其标准为："1"表示没有或很少时间有；"2"表示有时有；"3"表示大部分时间有；"4"表示绝大部分或全部时间都有。20 个条目中有 15 项是用负性词陈述的，按上述 1～4 顺序评分。其余 5 项（第 5，9，13，17，19）是用正性词陈述的，按 4～1 顺序反向计分。

3. 分析指标 SAS 的主要统计指标为总分。将 20 个项目的各个得分相加，即得粗分；用粗分乘以 1.25 以后取整数部分，就得到标准分，或者可以查表作相同的转换（粗分、标准分换算表，见 SDS 附录）。Zung 根据美国受试者测评结果，规定 SAS 的标准分 50 分作为焦虑症状分界值。

第三节 智力测验

一、韦克斯勒（Wechsler）智力测验

韦氏智力测验（Wechsler adult intelligence scale）是美国 D.Wechsler 于 1955 年主持编制的系列智力测验量表。是目前世界上应用最广泛的智力测验量表。不少研究结果均支持韦氏离差智商之概念，量表的个别分测验亦可测试某些独特能力。该量表于 1981 年由湖南医科

大学龚耀先教授等主持修订。

1. 韦氏智力测验的分类　韦氏智力测验共有三套：分成人 (WAIS)、儿童 (WISC)、幼儿 (WPPSI)。韦氏成人智力量表包括十一个分量表 (言语量表六个：常识、理解 、算术、相似、数字广度、词汇；操作量表五个：填图、木块图、图片排列、数字符号、图形拼凑)。韦氏儿童智力量表包括 12 个分量表，包括语言类六个和操作类六个。

2. 韦氏成人智力测验各分测验的主要功能

(1) 常识：韦克斯勒认为，智商越高的人，兴趣越广泛，好奇心越强，所以获得的知识就越多。故此测验主要测量人的知识广度、一般的学习及接受能力、对材料的记忆及对日常事物的认识能力。

(2) 理解：此测验主要测量判断能力、运用实际知识解决新问题的能力以及一般知识。该测验对智力的 G 因素负荷较大，与知识测验相比，受文化教育影响小，但记分难以掌握。

(3) 算术：此测验主要测量数学计算的推理能力及主动注意的能力。该能力随年龄而发展，故能考察智力的发展，同时对预测一个人未来心智能力很有价值。

(4) 相似性：此测验设计用来测量逻辑思维能力、抽象思维能力与概括能力，是 G 因素的很好测量指标。

(5) 数字广度：此测验主要测量人的注意力和短时记忆能力。临床研究表明，数字广度测验对智力较低者测的是短时记忆能力，但对智力较高者实际测量的是注意力，且得分未必会高。

(6) 词汇：本测验主要测量人的言语理解能力，与抽象概括能力有关，同时能在一定程度上了解其知识范围和文化背景。研究表明，它是测量智力 G 因素的最佳指标，可靠性很高。但其记分较麻烦，评分标准难掌握，实施时间也较长。

(7) 数字符号：该测验主要测量一般的学习能力、知觉辨别能力及灵活性，以及动机强度等。该测验与工种、性别、性格和个人缺陷有关，不能很好地测量智力的 G 因素，但具有记分快、不受文化影响的特点。

(8) 图画填充：此测验主要测量人的视觉辨认能力，以及视觉记忆与视觉理解能力。填图测验有趣味性，能测量智力的 G 因素，但它易受个人经验、性别、生长环境的影响。

(9) 木块图：该测验主要测量辨认空间关系的能力、视觉结构的分析和综合能力，以及视觉 – 运动协调能力等。在临床上，该测验对于诊断知觉障碍、注意障碍、老年衰退具有很高的效度。

(10) 图片排列：此测验主要测量被试者的分析综合能力、观察因果关系的能力、社会计划性、预期力和幽默感等。它也可以测量智力的 G 因素，可作为跨文化的测验。但此测验易受视觉敏锐性的影响。

(11) 图形拼凑：此测验主要测量处理局部与整体关系的能力、概括思维能力、知觉组织能力以及辨别能力。在临床上，此测验可了解被试的知觉类型，他对尝试错误方法所依赖的程度，以及对错误反应的应对方法。此测验与其他分测验相关较低，并对被试的鉴别力不甚高。

3. 测验的记分

(1) 原始分的获得：本测验题一律为二级评分，即答对给 1 分，答错为 0 分。算术、图片排列、木块图案、图形拼凑、数字符号和图画填充有时间限制，另一些测验不限制时间，应让被试者有适当时间来表明回答。对于有时间限制的项目，应以反映的速度和正确性作为评分的依据，超过规定时间及时通过也计 0 分。被试在这个测验上的总得分就是他通过的题数，即测验的原始分数。

（2）原始分换算量表分：一个分测验中的各项目得分相加，称分测验的原始分（或称粗分）。缺一项分测验时，要计算加权分。原始分按手册上相应用表可转化成平均数为 10，标准差为 3 的量表分。分别将言语测验和操作测验的量表分相加，便得到言语量表分和操作量表分。再将二者相加，便可得到全量表分。最后，根据相应用表换算成言语智商、操作智商和总智商。

二、瑞文标准推理测验

瑞文推理测验是英国心理学家瑞文 (J.C.Raven)1938 年设计的非文字智力测验。又称瑞文渐进图阵，是一种团体智力测验。自问世以来，许多国家的学者对它进行了修订，现在世界各地广泛使用，有着理论意义和实用价值。该测验旨在测试人的一般智力水平，尤其可以测量人的解决问题的能力、观察力、思维能力、发现和利用自己所需的信息及适应社会生活的能力。它的主要特点是适用年龄范围宽，测验对象不受文化、种族、语言的限制，并且可以用于一些生理缺陷者，如用于聋哑儿童、文盲。测验既可以个别进行，也可以团体实施，使用方便，省时省力，结果解释直观简单，一般被试可在 40 分钟完成，测验具有较高的信度与效度。

瑞文标准推理测验一共由 60 题组成，分为 A、B、C、D、E 五组，每组 12 题，题目形式如图 4-3 所示。题目难度逐步增加，每组内部的题目也是由易到难排列。每组题目所用解题思路基本一致，而各组之间则有差异。A 组题主要测知觉辨别力、图形比较、图形想象等；B 组题主要测类同、比较、图形组合等；C 组题主要测比较、推理、图形组合；D 组题主要测系列关系、图形套合；E 组题主要测套合、互换等抽象推理能力。但实际完成作业时，解决各组问题都有各种能力的协同作用，不能截然划分。一般来说，完成前面的题目对解后面的题目有帮助，完成先前一组题也对后面各组题目的解答有学习效应。

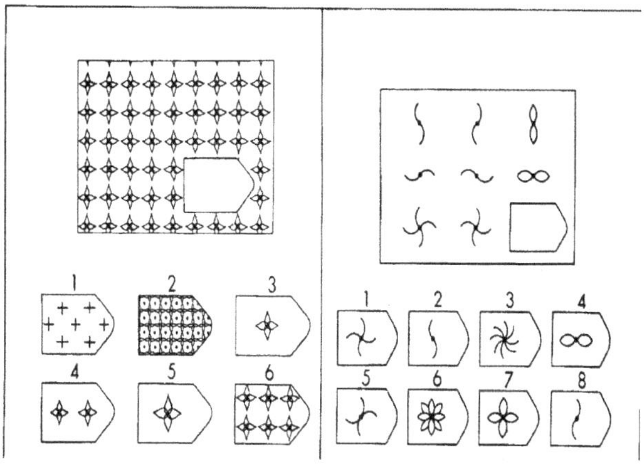

图 4-3 瑞文标准推理测验图例

第四节　其他测评

一、人际关系综合诊断测验

1. 量表内容

人际关系综合诊断量表

这是一份人际关系行为困扰的诊断量表，共28个问题，每个问题做“是”(打√)或“非”(打×)两种回答。请你根据自己的实际情况如实回答，答案没有对错之分：

1. 关于自己的烦恼有口难言。( )
2. 和生人见面感觉不自然。( )
3. 过分地羡慕和妒忌别人。( )
4. 与异性交往太少。( )
5. 对连续不断的会谈感到困难。( )
6. 在社交场合，感到紧张。( )
7. 时常伤害别人。( )
8. 与异性来往感觉不自然。( )
9. 与一大群朋友在一起，常感到孤寂或失落。( )
10. 极易受窘。( )
11. 与别人不能和睦相处。( )
12. 不知道与异性相处如何适可而止。( )
13. 当不熟悉的人对自己倾诉他的生平遭遇以求同情时，自己常感到不自在。( )
14. 担心别人对自己有什么坏印象。( )
15. 总是尽力使别人赏识自己。( )
16. 暗自思慕异性。( )
17. 时常避免表达自己的感受。( )
18. 对自己的仪表(容貌)缺乏信心。( )
19. 讨厌某人或被某人所讨厌。( )
20. 瞧不起异性。( )
21. 不能专注地倾听。( )
22. 自己的烦恼无人可倾诉。( )
23. 受别人排斥与冷漠。( )
24. 被异性瞧不起。( )
25. 不能广泛地听取各种各样意见、看法。( )
26. 自己常因受伤害而暗自伤心。( )
27. 常被别人谈论、愚弄。( )
28. 与异性交往不知如何更好相处。( )

2. 测查结果的解释　如果你得到的总分是 0～8 分之间，那么说明你在与朋友相处上的困扰较少。你善于交谈，性格比较开朗、主动，关心别人，你对周围的朋友都比较好，愿意和他们在一起，他们也都喜欢你，你们相处得不错。而且，你能够从与朋友相处中，得到乐趣。你的生活是比较充实而且丰富多彩的，你与异性朋友也相处得比较好。一句话，你不存在或较少存在交友方面的困扰，你善于与朋友相处，人缘很好，获得许多的好感与赞同。

如果你得到的总分是 9～14 分之间，那么，你与朋友相处存在一定程度的困扰。你的人缘很一般，换句话说，你和朋友的关系并不牢固，时好时坏，经常处在一种起伏波动之中。

如果你得到的总分是 15～28 分之间，那就表明你在同朋友相处上的行为困扰较严重，分数超过 20 分，则表明你的人际关系困扰程度很严重，而且在心理上出现较为明显的障碍。你可能不善于交谈，也可能是一个性格孤僻的人，不开朗，或者有明显的自高自大、讨人嫌的行为。

以上是从总体上评述你的人际关系。下面将根据你在每一横栏上的小计分数，具体指出你与朋友相处的困扰行为及其可资参考的纠正方法。

记分表中Ⅰ横栏上的小计分数，表明你在交谈方面的行为困扰程度。

如果你的得分在6分以上，说明你不善于交谈，只有在极需要的情况下你才同别人交谈，你总难于表达自己的感受，无论是愉快还是烦恼；你不是个很好的倾诉者，往往无法专心听别人说话或只对单独的话题感兴趣。

如果得分在 3～5 分之间，说明你的交谈能力一般，你会诉说自己的感受，但不能讲得调理清晰；你努力使自己成为一个好的倾听者，但还是做得不够。如果你与对方不太熟悉，开始时你往往表现得拘谨与沉默，不大愿意跟对方交谈。但这种局面在你面前一般不会持续很久。经过一段时间的接触与锻炼，你可能主动与同学搭话，同时这一切来得自然而非造作，此时，表明你的健谈能力已经大为改观，在这方面的困扰也会逐渐消除。

如果你的得分在 0～2 分之间，说明你有较高的交谈能力和技巧，善于利用恰当地谈话方式来交流思想感情，因此，在与别人建立友情方面，你往往比别人获得更多的成功。这些优势不仅为你的学习与生活创造了良好的心境，而且常常有助于你成为伙伴中的领袖人物。

记分表中Ⅱ横栏上的小计分数，表示你在交际方面的困扰程度。

如果你的得分在 6 分以上，则表明你在社交活动与交游方面存在着较大的行为困扰。比如，在正常集体活动与社交场合，你比大多数伙伴更为拘谨；在有陌生人或老师存在的场合。你往往感到更加紧张而扰乱你的思绪；你往往过多地考虑自己的形象而使自己处于越被动，越来越孤独的境地。总之，交际与交友方面的严重困扰，使你陷入“感情危机”和孤独困窘的状态。

如果你的得分在 3～5 分之间，则往往表明你在被动地寻找被人喜欢的突破口。你不喜欢独自一个人呆着，你需要朋友在一起，但你又不太善于创造条件并积极主动地寻找知心朋友，而且，你心有余悸，生怕在主动行为后的“冷”体验。

如果得分低于 3 分，则表明你对人较为真诚和热情。总之，你的人际关系较和谐，在这些问题上，你不存在较明显持久的行为困扰。

记分表中Ⅲ横栏的小计分数，表示你在待人接物方面的困扰程度。

如果你的得分在 6 分以上，则往往表明你缺乏待人接物的机智与技巧。在实际的人际关系中，你也许常有意无意地伤害别人，或者你过分地羡慕别人以致在内心妒忌别人。因此，其他一些同学可能回报你的冷漠、排斥，甚至是愚弄。

如果你的得分在3～5分之间，则往往表明你是个多侧面的人，也许可以算是一个较圆滑的人。对待不同的人，你有不同的态度，而不同的人对你也有不同的评价。你讨厌某人或被某人所讨厌，但你却极喜欢另一个人或被另一个人所喜欢。你的朋友关系某方面是和谐的、良好的，某些方面却是紧张的恶劣的。因此，你的情绪很不稳定，内心极不平衡，常常处于矛盾状态中。

如果你的得分在0～2分之间，表明你较尊重别人，敢于承担责任，对环境的适应性强。你常常以你的真诚、宽容、责任心强等个性获得众多的好感与赞同。

记分表中Ⅳ横栏的小计分数表示你跟异性朋友交往的困扰程度。

如果你的得分在5分以上，说明你在与异性交往的过程中存在较为严重的困扰。也许你存在着过分的思慕异性或对异性持有偏见。这两种态度都有它的片面之处。也许是你不知如何把握好与异性同学交往的分寸而陷入困扰之中。

如果你的得分是3～4分，表明你与异性同学交往的行为困扰程度一般，优势是可能会觉得与异性同学交往是一件愉快的事，有时又会认为这种交往似乎是一种负担，你不懂得如何与异性交往最适宜。

如果你的得分是0～2分，表明你懂得如何正确处理异性朋友之间的关系。对异性同学持公正的态度，能大大方方地自自然然地与他们交往，并且在与异性交往中，得到了许多从同性朋友那里不能得到的东西，增加了对异性的了解，也丰富了自己的个性。你可能是一个较受欢迎的人，无论是同学朋友还是异性朋友，多数人都较喜欢你和赞赏你。

二、霍兰德职业性向测验量表

量表介绍　本测验量表将帮助您发现和确定自己的职业兴趣和能力特长，从而更好地做出求职择业的决策。如果您已经考虑好或选择好了自己的职业，本测验将使您的这种考虑或选择具有理论基础，或向您展示其他合适的职业；如果您至今尚未确定职业方向，本测验将帮助您根据自己的情况选择一个恰当的职业目标。

本测验共有七个部分，每部分测验都没有时间限制，但请您尽快按要求完成。

第1部分　你心目中的理想职业（专业）

对于未来的职业（或升学进修的专业）你也许早有考虑，它可能很抽象、很朦胧，也可能很具体、很清晰。不管是哪种情况，现在都请你把你最想干的3种工作或最想读的3种专业，按顺序写下来。

1.

2.

3.

好，第1部分已完成。现在请继续做第2部分。

第2部分　你所感兴趣的活动

下面列举了一些十分具体的活动。这些活动无所谓好坏，如果你喜欢去参加（包括过去、现在或将来），就请在答题卷的相应题号上的“是”一栏的方框□内划个“√”，如果不喜欢就请在“否”一栏的方框□内划“√”。注意，这一部分测验主要想确定你的职业兴趣，而不是让你选择工作，你喜欢某种活动并不意味着你一定要从事这种活动。答题时不必考虑过去是否干过和是否擅长这种活动，只根据你的兴趣直接判断即可。请务必做完每一题目。

一、R型（现实型活动）

你喜欢做下列事情吗？

1. 装配修理电器。　□是　□否
2. 修理自行车。　□是　□否
3. 装修机器或机器零件。　□是　□否
4. 做木工活。　□是　□否
5. 驾驶卡车或拖拉机。　□是　□否
6. 开机床。　□是　□否
7. 开摩托车。　□是　□否
8. 上金属工艺课。　□是　□否
9. 上机械制图课。　□是　□否
10. 上木工手艺课。　□是　□否
11. 上电气自动化技术课。　□是　□否

二、I型（调查型活动）

你喜欢做下列事情吗？

1. 阅读科技书刊。　□是　□否
2. 在实验室工作。　□是　□否
3. 研究某个科研项目。　□是　□否
4. 制作飞机、汽车模型。　□是　□否
5. 做化学实验。　□是　□否
6. 阅读专业性论文。　□是　□否
7. 解一道数学或棋艺难题。　□是　□否
8. 上物理课。　□是　□否
9. 上化学课。　□是　□否
10. 上几何课。　□是　□否
11. 上生物课。　□是　□否

三、A型（艺术性活动）

你喜欢做下列事情吗?

1. 素描、制图或绘画。　□是　□否
2. 表演戏剧、小品或相声节目。　□是　□否

3．设计家具或房屋。 □是 □否
4．在舞台上演唱或跳舞。 □是 □否
5．演奏一种乐器。 □是 □否
6．阅读流行小说。 □是 □否
7．听音乐会。 □是 □否
8．从事摄影创作。 □是 □否
9．阅读电影、电视剧本。 □是 □否
10．读诗写诗。 □是 □否
11．上书法美术课。 □是 □否

四、S型（社会型活动）

你喜欢做下列事情吗?
1．给朋友们写信。 □是 □否
2．参加学校、单位组织的正式活动。 □是 □否
3．加入某个社会团体或俱乐部。 □是 □否
4．帮助别人解决困难。 □是 □否
5．照看小孩。 □是 □否
6．参加宴会、茶话会或联欢晚会。 □是 □否
7．跳交谊舞。 □是 □否
8．参加讨论会或辩论会。 □是 □否
9．观看运动会或体育比赛。 □是 □否
10．寻亲访友。 □是 □否
11．阅读与人际交往有关的书刊。 □是 □否

五、E型（企/事业型活动）

你喜欢做下列事情吗？
1．对他人做劝说工作。 □是 □否
2．买东西与人讨价还价。 □是 □否
3．讨论政治问题。 □是 □否
4．从事个体或独立的经营活动。 □是 □否
5．出席正式会议。 □是 □否
6．做演讲。 □是 □否
7．在社会团体中做一名理事。 □是 □否
8．检查与评价别人的工作。 □是 □否
9．结识名流。 □是 □否
10．带领一群人去完成某项任务。 □是 □否
11．参与政治活动。 □是 □否

六、C型［常规型（传统型）活动］

你喜欢做下列事情吗？

1. 保持桌子和房间整洁。 □是 □否
2. 抄写文章或信件。 □是 □否
3. 开发票、写收据或打回条。 □是 □否
4. 打算盘或用计算机计算。 □是 □否
5. 记流水账或备忘录。 □是 □否
6. 上打字课或学速记法。 □是 □否
7. 上会计课。 □是 □否
8. 上商业统计课。 □是 □否
9. 将文件、报告、记录分类与归档。 □是 □否
10. 为领导写公务信函与报告。 □是 □否
11. 检查个人收支情况。 □是 □否

好，第 2 部分已完成。现在请继续做第 3 部分。

第 3 部分　你所擅长或胜任的活动

下面从 6 个方面分别列举一些十分具体的活动，以确定你具备哪一方面的工作特长。回答时，只需考虑你过去或现在对所列活动是否擅长、胜任，不必考虑你是否喜欢这种活动。如果你认为你擅长从事某一活动，就请在答题卷的相应题号上的“是”一栏的方框□内划“√”，如果不擅长，就请在“否”一栏的方框□内划“√”。注意，你如果从未从事过某一活动，那就请考虑你将来是否会擅长从事该项活动。请你务必做完每一个题目。

一、R 型（现实型能力）

你擅长做或胜任下列事情吗？

1. 使用锯子、钳子、车床、砂轮等工具。 □是 □否
2. 使用万能电表。 □是 □否
3. 给自行车或机器加油使它们正常运转。 □是 □否
4. 使用钻床、研磨机、缝纫机等。 □是 □否
5. 修整木器家具表面。 □是 □否
6. 看机械、建筑设计图纸。 □是 □否
7. 修理结构简单的家用电器。 □是 □否
8. 制作简单的家具。 □是 □否
9. 绘制机械设计图纸。 □是 □否
10. 修理收录音机的简单部件。 □是 □否
11. 疏通、修理自来水管或下水道。 □是 □否

二、I 型（调研型能力）

你擅长做或胜任下列事情吗？

1. 了解真空管的工作原理。 □是 □否
2. 知道三种以上蛋白质含量高的食物。 □是 □否
3. 知道一种放射性元素的“半衰期”。 □是 □否

4. 使用对数表。 □是 □否
5. 使用计算器或计算尺。 □是 □否
6. 使用显微镜。 □是 □否
7. 辨认 3 个星座。 □是 □否
8. 说明白细胞的功能。 □是 □否
9. 解释简单的化学分子式。 □是 □否
10. 理解人造卫星不会落地的道理。 □是 □否
11. 参加科技竞赛或科研成果交流会。 □是 □否

三、A 型（艺术型能力）

你擅长做或胜任下列事情吗？

1. 演奏一种乐器。 □是 □否
2. 参加二重唱或四重唱表演。 □是 □否
3. 独奏或独唱。 □是 □否
4. 扮演剧中角色。 □是 □否
5. 说书或讲故事。 □是 □否
6. 表演现代舞或芭蕾舞。 □是 □否
7. 人物素描。 □是 □否
8. 油画或雕塑。 □是 □否
9. 制造陶器、捏泥塑或剪纸。 □是 □否
10. 设计服装、海报或家具。 □是 □否
11. 写得一手好文章。 □是 □否

四、S 型（社会型能力）

你擅长做或胜任下列事情吗？ □是 □否

1. 善于向别人解释问题。 □是 □否
2. 参加慰问或救济活动。 □是 □否
3. 善与人合作、配合默契。 □是 □否
4. 殷勤待客。 □是 □否
5. 能深入浅出地教育儿童。 □是 □否
6. 为一次宴会安排娱乐活动。 □是 □否
7. 帮助他人解决困难。 □是 □否
8. 帮助护理患者或伤员。 □是 □否
9. 安排学校或社团组织的各种集体事务。 □是 □否
10. 善察人心或善于判断人的性格。 □是 □否
11. 善与年长者相处。 □是 □否

五、E 型（企业型能力）

你擅长做或胜任下列事情吗？ □是 □否

1. 学校里当过班干部并且干得不错。 □是 □否

2. 善于督促他人工作。 □是 □否
3. 善于使他人按你的习惯做事。 □是 □否
4. 做事具有超常的经历和热情。 □是 □否
5. 能做一个称职的推销员。 □是 □否
6. 代表某个团体向有关部门提出建议或反映意见。 □是 □否
7. 担任某种领导职务期间获过奖或受表扬。 □是 □否
8. 说服别人加入你所在的团体（俱乐部运动队、工作或研究组等）。 □是 □否
9. 创办一家商店或企业。 □是 □否
10. 知道如何做一位成功的领导人。 □是 □否
11. 有很好的口才。 □是 □否

六、C 型（常规型能力）

你擅长做或胜任下列事情吗？

1. 一天能誊抄近一万字。 □是 □否
2. 能熟练地使用算盘或计算器。 □是 □否
3. 能够熟练地使用中文打字机。 □是 □否
4. 善于将书信、文件迅速归档。 □是 □否
5. 做过办公室职员工作且干得不错。 □是 □否
6. 核对数据或文章时既快又准确。 □是 □否
7. 会使用外文打字机或复印机。 □是 □否
8. 善于在短时间内分类和处理大量文件。 □是 □否
9. 记账或开发票时既快又准确。 □是 □否
10. 善于为自己或集体做财务预算（表）。 □是 □否
11. 能迅速誊清贷方和借方的账目。 □是 □否

好，第 3 部分已完成。现在请继续做第 4 部分。

第 4 部分　你所喜欢的职业

下面列举了许多职业，对这些职业的基本情况你或多或少都有所了解，并在此基础上形成了自己的评价态度。如果你对某项职业喜欢的话，请在答题卷的相应题号上的“是”一栏中打“√”，如果不喜欢则请在“否”一栏中打“√”。这一部分测验也要求每题必做。

一、R 型（现实型职业）

你喜欢做下列事情吗？

1. 飞行机械技术人员。 □是 □否
2. 鱼类和野生动物专家。 □是 □否
3. 自动化工程技术人员。 □是 □否
4. 木工。 □是 □否
5. 机床安装工或钳工。 □是 □否
6. 电工。 □是 □否

7. 无线电报务员。 □是 □否
8. 长途汽车司机。 □是 □否
9. 火车司机。 □是 □否
10. 机械师。 □是 □否
11. 测绘、水文技术人员。 □是 □否

二、I 型（调研型职业）

你喜欢做下列事情吗？

1. 气象研究人员。 □是 □否
2. 生物学研究人员。 □是 □否
3. 天文学研究人员。 □是 □否
4. 药剂师。 □是 □否
5. 人类学研究人员。 □是 □否
6. 化学研究人员。 □是 □否
7. 科学杂志编辑。 □是 □否
8. 植物学研究人员。 □是 □否
9. 物理学研究人员。 □是 □否
10. 科普工作者。 □是 □否
11. 地质学研究人员。 □是 □否

三、A 型（艺术型职业）

你喜欢下列职业吗？

1. 诗人。 □是 □否
2. 文学艺术评论家。 □是 □否
3. 作家。 □是 □否
4. 记者。 □是 □否
5. 歌唱家或歌手。 □是 □否
6. 作曲家。 □是 □否
7. 剧本写作人员。 □是 □否
8. 画家。 □是 □否
9. 相声演员。 □是 □否
10. 乐团指挥。 □是 □否
11. 电影演员。 □是 □否

四、S 型（社会型职业）

你喜欢下列职业吗？

1. 街道、工会或妇联负责人。 □是 □否
2. 中学教师。 □是 □否
3. 青少年犯罪问题专家。 □是 □否
4. 中学校长。 □是 □否

5．心理咨询人员。 □是 □否
6．精神病医生。 □是 □否
7．职业介绍所工作人员。 □是 □否
8．导游。 □是 □否
9．青年团负责人。 □是 □否
10．福利机构负责人。 □是 □否
11．婚姻介绍所工作人员。 □是 □否

五、E 型（企业型职业）

你喜欢下列职业吗？
1．供销科长。 □是 □否
2．推销员。 □是 □否
3．旅馆经理。 □是 □否
4．商店管理费用人员。 □是 □否
5．厂长。 □是 □否
6．律师或法官。 □是 □否
7．电视剧制作人。 □是 □否
8．饭店或饮食店经理。 □是 □否
9．人民代表。 □是 □否
10．服装批发商。 □是 □否
11．企业管理咨询人员。 □是 □否

六、C 型（常规型职业）

你喜欢下列职业吗？
1. 簿记员。 □是 □否
2. 会计师。 □是 □否
3. 银行出纳员。 □是 □否
4. 法庭书记员。 □是 □否
5. 人口普查登记员。 □是 □否
6. 成本核算员。 □是 □否
7. 税务工作者。 □是 □否
8. 校对员。 □是 □否
9. 打字员。 □是 □否
10. 办公室秘书。 □是 □否
11. 质量检查员。 □是 □否

好，第 4 部分已完成。现在请继续做第 5 部分。

霍兰德职业性向测验答题卷

姓名　　　　性别　　　　年龄　　　　测试日期

职务　　　　单位

第 1 部分　你心目中的理想职业（专业）

1. ____________

2. ____________

3. ____________

第 2 部分　你所感兴趣的活动

R 型

题号	是	否
1	□	□
2	□	□
3	□	□
4	□	□
5	□	□
6	□	□
7	□	□
8	□	□
9	□	□
10	□	□
11	□	□

"是"的总数：____________

I 型

题号	是	否
1	□	□
2	□	□
3	□	□
4	□	□
5	□	□
6	□	□
7	□	□
8	□	□
9	□	□
10	□	□
11	□	□

"是"的总数：____________

A 型

题号	是	否
1	□	□
2	□	□
3	□	□
4	□	□
5	□	□
6	□	□
7	□	□
8	□	□
9	□	□
10	□	□
11	□	□

"是"的总数：____________

S 型

题号	是	否
1	□	□
2	□	□
3	□	□
4	□	□
5	□	□
6	□	□
7	□	□

E 型

题号	是	否
1	□	□
2	□	□
3	□	□
4	□	□
5	□	□
6	□	□
7	□	□

C 型

题号	是	否
1	□	□
2	□	□
3	□	□
4	□	□
5	□	□
6	□	□
7	□	□

8	☐	☐
9	☐	☐
10	☐	☐
11	☐	☐

"是"的总数：________________

8	☐	☐
9	☐	☐
10	☐	☐
11	☐	☐

"是"的总数：________________

8	☐	☐
9	☐	☐
10	☐	☐
11	☐	☐

"是"的总数：________

第3部分　你所擅长或胜任的活动

R型

题号	是	否
1	☐	☐
2	☐	☐
3	☐	☐
4	☐	☐
5	☐	☐
6	☐	☐
7	☐	☐
8	☐	☐
9	☐	☐
10	☐	☐
11	☐	☐

"是"的总数：________________

I型

题号	是	否
1	☐	☐
2	☐	☐
3	☐	☐
4	☐	☐
5	☐	☐
6	☐	☐
7	☐	☐
8	☐	☐
9	☐	☐
10	☐	☐
11	☐	☐

"是"的总数：________________

A型

题号	是	否
1	☐	☐
2	☐	☐
3	☐	☐
4	☐	☐
5	☐	☐
6	☐	☐
7	☐	☐
8	☐	☐
9	☐	☐
10	☐	☐
11	☐	☐

"是"的总数：________

S型

题号	是	否
1	☐	☐
2	☐	☐
3	☐	☐
4	☐	☐
5	☐	☐
6	☐	☐
7	☐	☐
8	☐	☐
9	☐	☐
10	☐	☐
11	☐	☐

"是"的总数：________________

E型

题号	是	否
1	☐	☐
2	☐	☐
3	☐	☐
4	☐	☐
5	☐	☐
6	☐	☐
7	☐	☐
8	☐	☐
9	☐	☐
10	☐	☐
11	☐	☐

"是"的总数：________________

C型

题号	是	否
1	☐	☐
2	☐	☐
3	☐	☐
4	☐	☐
5	☐	☐
6	☐	☐
7	☐	☐
8	☐	☐
9	☐	☐
10	☐	☐
11	☐	☐

"是"的总数：________

第 4 部分　你所喜欢的职业

R 型

题号	是	否
1	□	□
2	□	□
3	□	□
4	□	□
5	□	□
6	□	□
7	□	□
8	□	□
9	□	□
10	□	□
11	□	□

“是”的总数:________________

I 型

题号	是	否
1	□	□
2	□	□
3	□	□
4	□	□
5	□	□
6	□	□
7	□	□
8	□	□
9	□	□
10	□	□
11	□	□

“是”的总数:________________

A 型

题号	是	否
1	□	□
2	□	□
3	□	□
4	□	□
5	□	□
6	□	□
7	□	□
8	□	□
9	□	□
10	□	□
11	□	□

“是”的总数:________

S 型

题号	是	否
1	□	□
2	□	□
3	□	□
4	□	□
5	□	□
6	□	□
7	□	□
8	□	□
9	□	□
10	□	□
11	□	□

“是”的总数:________________

E 型

题号	是	否
1	□	□
2	□	□
3	□	□
4	□	□
5	□	□
6	□	□
7	□	□
8	□	□
9	□	□
10	□	□
11	□	□

“是”的总数:________________

C 型

题号	是	否
1	□	□
2	□	□
3	□	□
4	□	□
5	□	□
6	□	□
7	□	□
8	□	□
9	□	□
10	□	□
11	□	□

“是”的总数:________

第 5 部分　你的能力类型简评

下面两张表是你在 6 个职业能力方面的自我评分表。你可以先与同龄人比较一下自己在每一方面的能力，然后经斟酌以后对自己的能力作一评价。评分时请在表中适当的数字上画圈。数字越大表示你的能力越强。

注意，请勿全部圈画同样的数字，因为人的每项能力不可能完全一样。

表 A

R 型	I 型	A 型	S 型	E 型	C 型
机械操作能力	科学研究能力	艺术创造能力	解释表达能力	商业洽谈能力	事务执行能力
7	7	7	7	7	7
6	6	6	6	6	6
5	5	5	5	5	5
4	4	4	4	4	4
3	3	3	3	3	3
2	2	2	2	2	2
1	1	1	1	1	1

表 B

R 型	I 型	A 型	S 型	E 型	C 型
体力技能	数学技能	音乐技能	交际技能	领导技能	办公技能
7	7	7	7	7	7
6	6	6	6	6	6
5	5	5	5	5	5
4	4	4	4	4	4
3	3	3	3	3	3
2	2	2	2	2	2
1	1	1	1	1	1

好，第 5 部分已完成。请继续做第 6 部分。

第 6 部分　统计和确定你的职业倾向

请将第 2 部分 ~ 第 5 部分的全部测验分数按前面已统计好的 6 种职业倾向 (R 型、I 型、A 型、S 型、E 型和 C 型) 得分填入下表，并作纵向累加。

测验	R 型	I 型	A 型	S 型	E 型	C 型
第 2 部分						
第 3 部分						
第 4 部分						
第 5 部分（A）						
第 6 部分（B）						
总分						

请将上表中的 6 种职业倾向总分按大小顺序依次从左到右重新排列：

型、　　型、　　型、　　型、　　型、　　型

←　　　　　　　　→

最高分 ________ 你的职业倾向性得分 ________ 最低分

得分最高的职业类型意味着最适合你的职业。比方说，假如你在 I 型上得分最高，说明你适合做自然科学方面的研究工作，如气象研究，生物学研究，天文学研究等等，或科学杂志编辑。其余类推。

如果最适合你的工作和你在第 1 部分所写的理想工作之间不太一致，或者在各种类型的

职业上你的能力和兴趣不相匹配，那么请你参照第 6 部分——你的职业价值观来做出最佳选择。比方说，假如第 2 部分你在 I 型上得分最高，但第 3 部分你在 A 型上得分高，那么请参考你最看重的因素：假如你最看重 (8) 能充分发挥自己的能力特长或 (2) 工作环境舒适，那么 A 型工作最适合你；假如你最看重 (10) 能从事自己感兴趣的工作或 (4) 工作稳定有保障，那么 I 型工作最适合你；假如你最看重的是其他因素，那么请向 A 型职业方面的专家咨询，选择和你的职业价值观最接近的工作。

第 7 部分 你所看重的东西——职业价值观

这一部分测验列出了人们在选择工作时通常会考虑的 9 要素 (见所附工作价值标准)。现在请你在其中选出对你最重要两项因素，以及最不重要的两项因素，并将序号填入下边相应空格上。

最 重 要 ：

最不重要：

次 重 要：

次不重要：

附：工作价值标准

1. 工资高福利好。
2. 工作环境 (物质方面) 舒适。
3. 人际关系良好。
4. 工作稳定有保障。
5. 能提供较好的受教育机会。
6. 有较高的社会地位。
7. 工作不太紧张、外部压力少。
8. 能充分发挥自己的能力特长。
9. 社会需要与社会贡献较大。
10. 能从事自己感兴趣的工作。

以上全部测验完毕。

现在，将你测验得分居第一位的职业类型找出来，对照下表，判断一下自己适合的职业类型。

职业索引——职业兴趣代号与其相应的职业对照表

R(现实型)：木匠、农民、操作 X 线的技师、工程师、飞机机械师、鱼类和野生动物专家、自动化技师、机械工 (车工、钳工等)、电工、无线电报务员、火车司机、长途公共汽车司机、机械制图员、修理机器、电器师。

I(调查型)：气象学者、生物学者、天文学家、药剂师、动物学者、化学家、科学报刊编辑、地质学者、植物学者、物理学者、数学家、实验员、科研人员、科技作者。

A(艺术型)：室内装饰专家、图书管理专家、摄影师、音乐教师、作家、演员、记者、诗人、作曲家、编剧、雕刻家、漫画家。

S(社会型)：社会学者、导游、福利机构工作者、咨询人员、社会工作者、社会科学教师、学校领导、精神病工作者、公共保健护士。

E(企业型)：推销员、进货员、商品批发员、旅馆经理、饭店经理、广告宣传员、调度员、律师、政治家、零售商。

C(常规型)：记账员、会计、银行出纳、法庭速记员、成本估算员、税务员、核算员、打字员、办公室职员、统计员、计算机操作员、秘书。

下面介绍与你 3 个代号的职业兴趣类型一致的职业表，对照的方法如下：首先根据你的职业兴趣代号，在下表中找出相应的职业，例如你的职业兴趣代号是 RIA，那么牙科技术人员、陶工等是适合你兴趣的职业。然后寻找与你职业兴趣代号相近的职业，如你的职业兴趣代号是 RIA，那么，其他由这三个字母组合成的编号(如 IRA、IAR、ARI 等)对应的职业，也较适合你的兴趣。

RIA：牙科技术员、陶工、建筑设计员、模型工、细木工、制作链条人员。

RIS：厨师、林务员、跳水员、潜水员、染色员、电器修理、眼镜制作、电工、纺织机器装配工、服务员、装玻璃工人、发电厂工人、焊接工。

RIE：建筑和桥梁工程、环境工程、航空工程、公路工程、电力工程、信号工程、电话工程、一般机械工程、自动工程、矿业工程、海洋工程、交通工程技术人员、制图员、家政经济人员、计量员、农民、农场工人、农业机器操作、清洁工、无线电修理、汽车修理、手表修理、管子工、线路装配工、工具仓库管理员。

RIC：船上工作人员、接待员、杂志保管员、牙医助手、制帽工、磨坊工、石匠、机器制造、机车(火车头)制造、农业机器装配、汽车装配工、缝纫机装配工、钟表装配和检验、电动器具装配、鞋匠、锁匠、货物检验员、电梯机修工、托儿所所长、钢琴调音员、装配工、印刷工、建筑钢铁工人、卡车司机。

RAI：手工雕刻、玻璃雕刻、制作模型人员、家具木工、制作皮革品、手工绣花、手工钩针编织、排字工人、印刷工人、图画雕刻、装订工。

RSE：消防员、交通巡警、警察、门卫、理发师、房间清洁工、屠夫、锻工、开凿工人、管道安装工、出租汽车驾驶员、货物搬运工、送报员、勘探员、娱乐场所的服务员、起卸机操作工、灭害虫者、电梯操作工、厨房助手。

RSI：纺织工、编织工、农业学校教师、某些职业课程教师(诸如艺术、商业、技术、工艺课程)、雨衣上胶工。

REC：抄水表员、保姆、实验室动物饲养员、动物管理员。

REI：轮船船长、航海领航员、大副、试管实验员。

RES：旅馆服务员、家畜饲养员、渔民、渔网修补工、水手长、收割机操作工、搬运行李工人、公园服务员、救生员、登山导游、火车工程技术员、建筑工人、铺轨工人。

RCI：测量员、勘测员、仪表操作者、农业工程技师、化学工程技师、民用工程技师、石油工程技师、资料室管理员、探矿工、煅烧工、烧窑工、矿工、保养工、磨床工、取样工、样品检验员、纺纱工、炮手、漂洗工、电焊工、锯木工、刨床工、制帽工、手工缝纫工、油漆工、染色工、按摩工、木匠、农民建筑工人、电影放映员、勘测员助手。

RCS：公共汽车驾驶员、一等水手、游泳池服务员、裁缝、建筑工人、石匠、烟囱修建工、混凝土工、电话修理工、爆炸手、邮递员、矿工、裱糊工人、纺纱工。

RCE：打井工、吊车驾驶员、农场工人、邮件分类员、铲车司机、拖拉机司机。

IAS：普通经济学家、农场经济学家、财政经济学家、国际贸易经济学家、实验心理学家、工程心理学家、心理学家、哲学家、内科医生、数学家。

IAR：人类学家、天文学家、化学家、物理学家、医学病理学家、动物标本剥制者、化石修复者、艺术品管理员。

ISE：营养学家、饮食顾问、火灾检查员、邮政服务检查员。

ISC：侦察员、电视播音室修理员、电视修理服务员、验尸室人员、编目录者、医学实验室技师、调查研究者。

ISR：水生生物学者、昆虫学者、微生物学家、配镜师、矫正视力者、细菌学家、牙科医生、骨科医生。

ISA：实验心理学家、普通心理学家、发展心理学家、教育心理学家、社会心理学家、临床心理学家、目录学家、皮肤病学家、精神病学家、妇产科医生、眼科医生、五官科医生、医学实验室技术专家、民航医务人员、护士。

IES：细菌学家、生理学家、化学专家、地质专家、地理物理学专家、纺织技术专家、医院药剂师、工业药剂师、药房营业员。

IEC：档案保管员、保险统计员。

ICR：质量检验技术员、地质学技师、工程师、法官、图书馆技术辅导员、计算机操作员、医院听诊员、家禽检查员。

IRA：地理学家、地质学家、水文学家、矿物学家、古生物学家、石油学家、地震学家、声学物理学家、原子和分子物理学家、电学和磁学物理学家、气象学家、设计审核员、人口统计学家、数学统计学家、外科医生、城市规划家、气象员。

IRS：流体物理学家、物理海洋学家、等离子体物理学家、农业科学家、动物学家、食品科学家、园艺学家、植物学家、细菌学家、解剖学家、动物病理学家、作物病理学家、药物学家、生物化学家、生物物理学家、细胞生物学家、临床化学家、遗传学家、分子生物学家、质量控制工程师、地理学家、兽医、放射治疗技师。

IRE：化验员、化学工程师、纺织工程师、食品技师、渔业技术专家、材料和测试工程师、电气工程师、土木工程师、航空工程师、行政官员、冶金专家、原子核工程师、陶瓷工程师、地质工程师、电力工程师、口腔科医生、牙科医生。

IRC：飞机领航员、飞行员、物理实验室技师、文献检查员、农业技术专家、动植物技术专家、生物技师、油管检查员、工商业规划者、矿藏安全检查员、纺织品检验员、照相机修理者、工程技术员、编计算机程序者、工具设计者、仪器维修工。

CRI：簿记员、会计、记时员、铸造机操作工、打字员、按键操作工、复印机操作工。

CRS：仓库保管员、档案管理员、缝纫工、讲述员、收款人。

CRE：标价员、实验室工作者、广告管理员、自动打字机操作员、电动机装配工、缝纫机操作工。

CIS：记账员、顾客服务员、报刊发行员、土地测量员、保险公司职员、会计师、估价员、邮政检查员、外贸检查员。

CIE：打字员、统计员、支票记录员、订货员、校对员、办公室工作人员。

CIR：校对员、工程职员、海底电报员、检修计划员、发报员。

CSE：接待员、通讯员、电话接线员、卖票员、旅馆服务员、私人职员、商学教师、旅游办事员。

CSR：运货代理商、铁路职员、交通检查员、办公室通信员、簿记员、出纳员、银行财务职员。

CSA：秘书、图书管理员、办公室办事员。

CER：邮递员、数据处理员、航空邮件检查员。

CEI：推销员、经济分析家。

CES：银行会计、记账员、法人秘书、速记员、法院报告人。

ECI：银行行长、审记员、信用管理员、地产管理员、商业管理员。

ECS：信用办事员、保险人员、各类进货员、海关服务经理、售货员、购买员、会计。

ERI：建筑物管理员、工业工程师、农场管理员、护士长、农业经营管理人员。

ERS：仓库管理员、房屋管理员、货栈监督管理员。

ERC：邮政局长、渔船船长、机械操作领班、木工领班、瓦工领班、驾驶员领班

EIR：科学、技术和有关周期出版物的管理员。

EIC：专利代理人、鉴定人、运输服务检查员、安全检查员、废品收购人员。

EIS：警官、侦察员、交通检验员、安全咨询员、合同管理者、商人。

EAS：法官、律师、公证人。

FAR：展览室管理员、舞台管理员、播音员、训兽员。

ESC：理发师、裁判员、政府行政管理员、财政管理员、工程管理员、职业病防治人员、售货员、商业经理、办公室主任、人事负责人、调度员。

ESR：家具售货员、书店售货员、公共汽车驾驶员、日用品售货员、护士长、自然科学和工程的行政领导。

ESI：博物馆管理员、图书馆管理员、古迹管理员、饮食业经理、地区安全服务管理员、技术服务咨询者、超级市场管理员、零售商品店店员、批发商、出租汽车服务站调度。

ESA：博物馆馆长、报刊管理员、音乐器材售货员、广告商、导游、(轮船或班机上的)事务长、飞机上的服务员、船员、法官、律师。

ASE：戏剧导演、舞蹈教师、广告撰稿人、报刊专栏作者、记者、演员、英语翻译。

ASI：音乐教师、乐器教师、美术教师、管弦乐指挥、合唱队指挥、歌星、演奏家、哲学家、作家、广告经理、时装模特。

AER：新闻摄影师、电视摄像师、艺术指导、录音指导、丑角演员、魔术师、木偶戏演员、骑士、跳水员。

AEI：音乐指挥、舞台指导、电影导演。

AES：流行歌手、舞蹈演员、电影导演、广播节目主持人、舞蹈教师、口技表演者、喜剧演员、模特。

AIS：画家、剧作家、编辑、评论家、时装艺术大师、新闻摄影师、男演员、文学作者。

AIE：花匠、皮衣设计师、工业产品设计师、剪影艺术家、复制雕刻品大师。

AIR：建筑师、画家、摄影师、绘图员、环境美化工、雕刻家，包装设计师、陶器设计师、绣花工、漫画工。

SEC：社会活动家、退伍军人服务官员、工商会事务代表、教育咨询者、宿舍管理员、旅馆经理、饮食服务管理员。

SER：体育教练、游泳指导。

SEI：大学校长、学院院长、医院行政管理员、历史学家、家政经济学家、职业学校教师、资料员。

SEA：娱乐活动管理员、国外服务办事员、社会服务助理、一般咨询者、宗教教育工作者。

SCE：部长助理、福利机构职员、生产协调人、环境卫生管理人员、戏院经理、餐馆经理、售票员。

SRI：外科医师助手、医院服务员。

SRE：体育教师、职业病治疗者、体育教练、专业运动员、房管员、儿童家庭教师、警察、引座员、传达员、保姆。

SRC：护理员、护理助理、医院勤杂工、理发师、学校儿童服务人员。

SIA：社会学家、心理咨询者、学校心理学家、政治科学家、大学或学院的系主任、大学或学院的教育学教师、大学农业教师、大学工程和建筑课程的教师、大学法律教师、大学数学、医学、物理、社会科学和生命科学的教师、研究生助教、成人教育教师。

SIE：营养学家、饮食学家、海关检查员、安全检查员、税务稽查员、校长。

SIC：描图员、兽医助手、诊所助理、体检检查员、监督缓刑犯的工作者、娱乐指导者、咨询人员、社会科学教师。

SIR：理疗员、救护队工作人员、手足病医生、职业病治疗助手。

SAC：理发师、指甲修剪师、包装艺术家、美容师、整容专家、发式设计师。

SAE：听觉病治疗者、演讲矫正者。

SAE：图书馆管理员、小学教师、幼儿园教师、学前儿童教师、中学教师、师范学院教师、盲人教师、智力障碍人的教师、聋哑人的教师、学校护士、牙科助理、飞行指导员。

第五章 心理统计与 SPSS 软件实验指导

心理统计要与大量的数据打交道，涉及繁杂的计算和图表绘制。现代的数据分析工作如果离开统计软件几乎是无法正常开展。在准确理解和掌握了各种统计方法原理之后，再掌握相关的统计分析软件的实际操作，是十分必要的。

常见的统计软件有 SAS、SPSS、EXCEL 等。这些统计软件的功能和作用大同小异，各自有所侧重。其中的 SAS 和 SPSS 是目前在大型企业、各类院校以及科研机构中较为流行的两种统计软件。特别是 SPSS，其界面友好、功能强大、易学、易用，包含了几乎全部尖端的统计分析方法，具备完善的数据定义、操作管理和开放的数据接口以及灵活而美观的统计图表制作。SPSS 在各类院校以及科研机构中更为流行。

SPSS（statistical product and service solutions），"统计产品与服务解决方案"软件。最初软件全称为"社会科学统计软件包"（solutions statistical 、package for the social sciences），但是随着 SPSS 产品服务领域的扩大和服务深度的增加，SPSS 公司已于 2000 年正式将英文全称更改为"统计产品与服务解决方案"，标志着 SPSS 的战略方向正在做出重大调整。为 IBM 公司推出的一系列用于统计学分析运算、数据挖掘、预测分析和决策支持任务的软件产品及相关服务的总称，有 Windows 和 Mac OS X 等版本。

SPSS 是世界上最早的统计分析软件，迄今，SPSS 公司已有 40 余年的成长历史。SPSS 是世界上最早采用图形菜单驱动界面的统计软件，它最突出的特点就是操作界面极为友好，输出结果美观漂亮。它将几乎所有的功能都以统一、规范的界面展现出来，使用 Windows 的窗口方式展示各种管理和分析数据方法的功能，对话框展示出各种功能选择项。用户只要掌握一定的 Windows 操作技能，粗通统计分析原理，就可以使用该软件为特定的科研工作服务。SPSS 采用类似 EXCEL 表格的方式输入与管理数据，数据接口较为通用，能方便的从其他数据库中读入数据。其统计过程包括了常用的、较为成熟的统计过程，完全可以满足非统计专业人士的工作需要。输出结果十分美观，存储时则是专用的 SPO 格式，可以转存为 HTML 格式和文本格式。对于熟悉老版本编程运行方式的用户，SPSS 还特别设计了语法生成窗口，用户只需在菜单中选好各个选项，然后按"粘贴"按钮就可以自动生成标准的 SPSS 程序。极大地方便了中、高级用户。

SPSS for Windows 是一个组合式软件包，它集数据录入、整理、分析功能于一身。用户可以根据实际需要和计算机的功能选择模块，以降低对系统硬盘容量的要求，有利于该软件的推广应用。SPSS 的基本功能包括数据管理、统计分析、图表分析、输出管理等。SPSS 统计分析过程包括描述性统计、均值比较、一般线性模型、相关分析、回归分析、对数线性模型、聚类分析、数据简化、生存分析、时间序列分析、多重响应等几大类，每类中又分好几个统计过程，比如回归分析中又分线性回归分析、曲线估计、Logistic 回归、Probit 回归、加权估计、两阶段最小二乘法、非线性回归等多个统计过程，而且每个过程中又允许用户选择不同的方法及参数。SPSS 也有专门的绘图系统，可以根据数据绘制各种图形。

虽然如此，SPSS for Windows 由于其操作简单，已经在我国的社会科学、自然科学的各个领域发挥了巨大作用。该软件还可以应用于经济学、数学、统计学、物流管理、生物学、心理学、地理学、医疗卫生、体育、农业、林业、商业等各个领域。

SPSS 主要有三种运行模式：

1. 批处理模式　这种模式把已编写好的程序（语句程序）存为一个文件，提交给 [开始] 菜单上 [SPSS for Windows] → [Production Mode Facility] 程序运行。

2.. 完全窗口菜单运行模式　这种模式通过选择窗口菜单和对话框完成各种操作。用户无须学会编程，简单易用。

3. 程序运行模式　这种模式是在语句（syntax）窗口中直接运行编写好的程序或者在脚本（script）窗口中运行脚本程序的一种运行方式。这种模式要求掌握 SPSS 的语句或脚本语言。

本试验指导手册为初学者提供入门试验教程，采用“完全窗口菜单运行模式”。

第一节　SPSS 统计软件的运行、启动

一、SPSS 的启动

1. 在 windows[开始] → [程序] → [PASW]，在它的次级菜单中单击“SPSS 18.0 for Windows”即可启动 SPSS 软件，进入 SPSS for Windows 对话框，如图 5-1，图 5-2 所示。

2. SPSS 软件的退出　SPSS 软件的退出方法与其他 Windows 应用程序相同，有两种常用的退出方法：

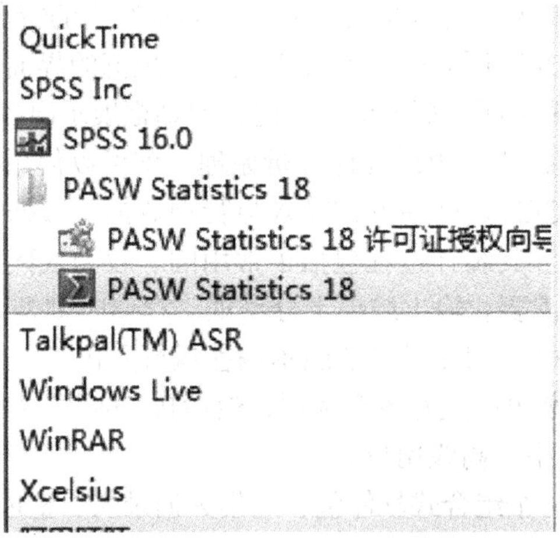

图 5-1　SPSS 启动

（1）按 File → Exist 的顺序使用菜单命令退出程序。

（2）直接单击 SPSS 窗口右上角的“关闭”按钮，回答系统提出的是否存盘的问题之后即可安全退出程序。

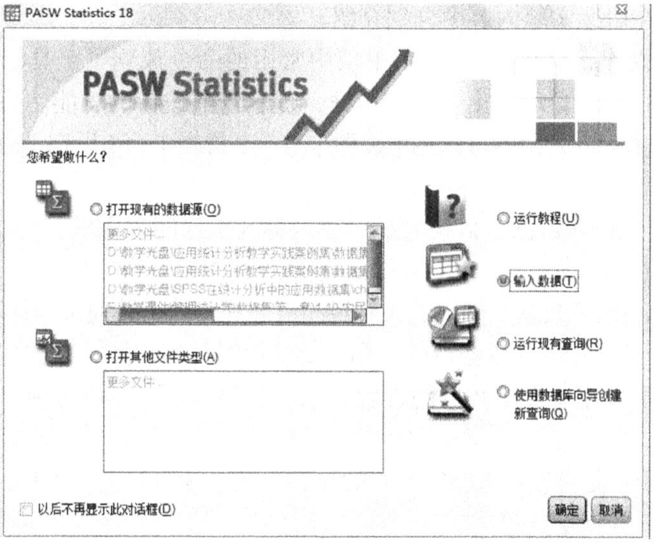

图 5-2　PASW Statistics 启动对话框

二、SPSS 的主要窗口介绍

SPSS 软件运行过程中会出现多个界面，各个界面用处不同。其中，最主要的界面有三个：数据编辑窗口、结果输出窗口和语句窗口。

1. 数据编辑窗口　启动 SPSS 后看到的第一个窗口便是数据编辑窗口，如图 5-3 所示。在数据编辑窗口中可以进行数据的录入、编辑以及变量属性的定义和编辑，是 SPSS 的基本界面。主要由以下几部分构成：标题栏、菜单栏、工具栏、编辑栏、变量名栏、观测序号、窗口切换标签、状态栏。

- 标题栏：显示数据编辑的数据文件名。
- 菜单栏：通过对这些菜单的选择，用户可以进行几乎所有的 SPSS 操作。关于菜单的

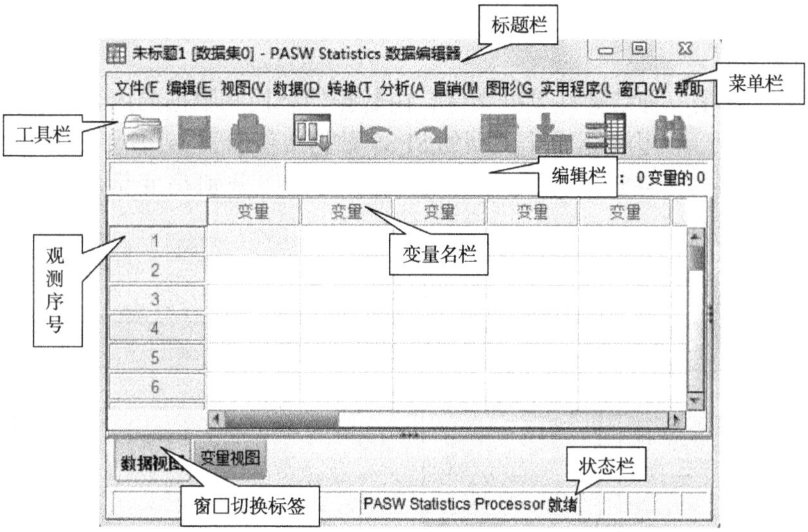

图 5-3　数据浏览界面

详细的操作步骤将在后续实验内容中分别介绍。

为了方便用户操作，SPSS 软件把菜单项中常用的命令放到了工具栏里。当鼠标停留在某个工具栏按钮上时，会自动跳出一个文本框，提示当前按钮的功能。另外，如果用户对系统预设的工具栏设置不满意，也可以用 [视图] → [工具栏] → [设定] 命令对工具栏按钮进行定义。

◆ 编辑栏：可以输入数据，以使它显示在内容区指定的方格里。

◆ 变量名栏：列出了数据文件中所包含变量的变量名。

◆ 观测序号：列出了数据文件中的所有观测值。观测的个数通常与样本容量的大小一致。

◆ 窗口切换标签：用于“数据视图”和“变量视图”的切换。即数据浏览窗口与变量浏览窗口。数据浏览窗口用于样本数据的查看、录入和修改。变量浏览窗口用于变量属性定义的输入和修改。

◆ 状态栏：用于说明显示 SPSS 当前的运行状态。SPSS 被打开时，将会显示“PASW Statistics Processor”的提示信息。

2. 结果输出窗口　在 SPSS 中大多数统计分析结果都将以表和图的形式在结果观察窗口中显示。窗口右边部分显示统计分析结果，左边是导航窗口，用来显示输出结果的目录，可以通过单击目录来展开右边窗口中的统计分析结果。当用户对数据进行某项统计分析，结果输出窗口将被自动调出。当然，用户也可以通过双击后缀名为 .spo 的 SPSS 输出结果文件来打开该窗口。

第二节　数据文件管理

一、试验目的与要求

通过本试验项目，使学生理解并掌握 SPSS 软件包有关数据文件创建和整理的基本操作，学习如何将收集到的数据输入计算机，建成一个正确的 SPSS 数据文件，并掌握如何对原始数据文件进行整理，包括数据查询，数据修改、删除，数据的排序等。

二、试验原理

SPSS 数据文件是一种结构性数据文件，由数据的结构和数据的内容两部分构成，也可以说由变量和观测两部分构成。一个典型的 SPSS 数据文件如表 5-1 所示。

SPSS 变量的属性：SPSS 中的变量共有 10 个属性，分别是变量名（name）、变量类

表 5-1　SPSS 数据文件结构

姓名	性别	年龄	…
张三	1	45	…
李四	2	23	…
… …	… …	… …	… …
王五	2	45	…

变量　观测　数据内容

型（type）、长度（width）、小数点位置（decimals）、变量名标签（label）、变量名值标签（value）、缺失值（missing）、数据列的显示宽度（columns）、对齐方式（align）和度量尺度（measure）。定义一个变量至少要定义它的两个属性，即变量名和变量类型，其他属性可以暂时采用系统默认值，待以后分析过程中如果有需要再对其进行设置。在 SPSS 数据编辑窗口中单击“变量视窗”标签，进入变量视窗界面（如图 5-4 所示）即可对变量的各个属性进行设置。

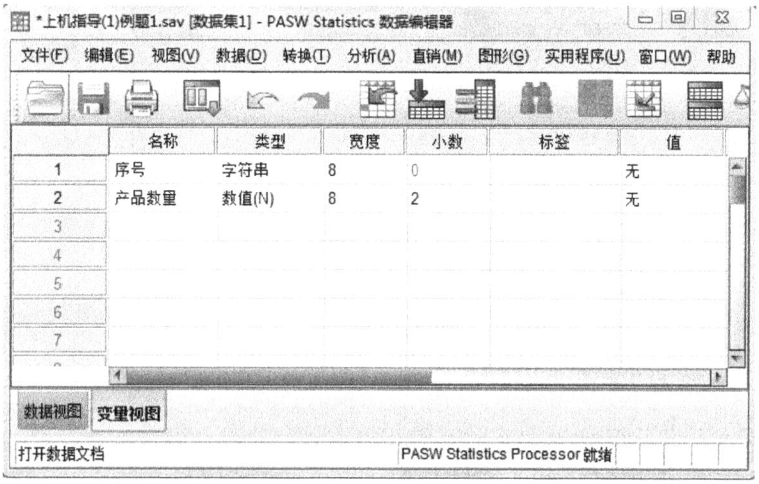

图 5-4　变量视窗

三、试验内容与步骤

1. 创建一个数据文件　数据文件的创建分成三个步骤：

（1）选择菜单【文件】→【新建】→【数据】新建一个数据文件，进入数据编辑窗口。窗口顶部标题为“PASW Statistics 数据编辑器”。

（2）单击左下角【变量视窗】标签进入变量视图界面，根据试验的设计定义每个变量类型。

（3）变量定义完成以后，单击【数据视窗】标签进入数据视窗界面，将每个具体的变量值录入数据库单元格内。

2. 读取外部数据　当前版本的 SPSS 可以很容易地读取 Excel 数据，步骤如下：

（1）按【文件】→【打开】→【数据】的顺序使用菜单命令调出打开数据对话框，在文件类型下拉列表中选择数据文件，如图 5-5 所示。

（2）选择要打开的 Excel 文件，单击“打开”按钮，调出打开 Excel 数据源对话框，如图 5-6 所示。对话框中各选项的意义如下：

工作表下拉列表：选择被读取数据所在的 Excel 工作表。

范围输入框：用于限制被读取数据在 Excel 工作表中的位置。

图 5-5 Open File 对话框

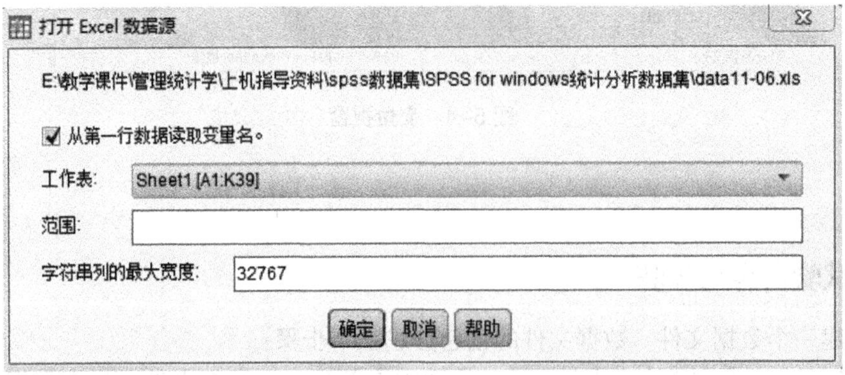

图 5-6 Open Excel Data Source 对话框

3．数据编辑 在 SPSS 中，对数据进行基本编辑操作的功能集中在 Edit 和 Data 菜单中。

4．SPSS 数据的保存 SPSS 数据录入并编辑整理完成以后应及时保存，以防数据丢失。保存数据文件可以通过【文件】→【保存】或者【文件】→【另存为】菜单方式来执行。在数据保存对话框（如图 5-7 所示）中根据不同要求进行 SPSS 数据保存。

5. 数据整理 在 SPSS 中，数据整理的功能主要集中在【数据】和【转换】两个主菜单下。

（1）数据排序（sort case）：对数据按照某一个或多个变量的大小排序将有利于对数据的总体浏览，基本操作说明如下：

选择菜单【数据】→【排列个案】，打开对话框，如图 5-8 所示。

（2）抽样（select case）：在统计分析中，有时不需要对所有的观测进行分析，而可能只

图 5-7　SPSS 数据的保存

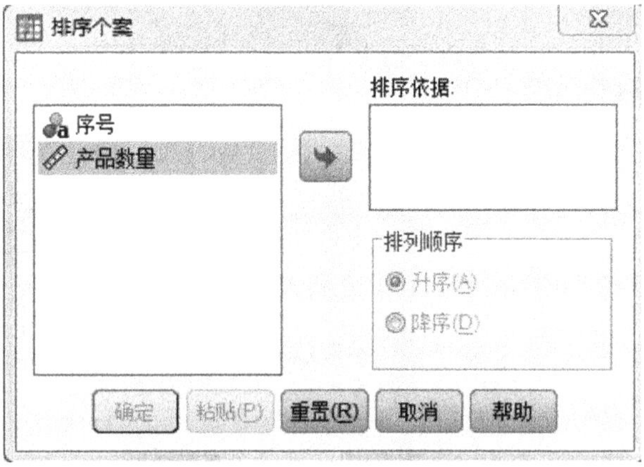

图 5-8　排列个案对话框

对某些特定的对象有兴趣。利用 SPSS 的 select case 命令可以实现这种样本筛选的功能。以 SPSS 安装配套数据文件 Growth study.sav 为例，选择年龄大于 10 的观测，基本操作说明如下：

打开数据文件 Growth study.sav，选择【数据】→【选择个案】命令，打开对话框，如图 5-9 所示。

指定抽样的方式：【全部个案】不进行筛选；【如果条件满足】按指定条件进行筛选。本例设置：产品数量 >150，如图 5-10 所示。

设置完成以后，点击 continue，进入下一步。

确定未被选择的观测的处理方法，这里选择默认选项【过滤掉未选定的个案】。

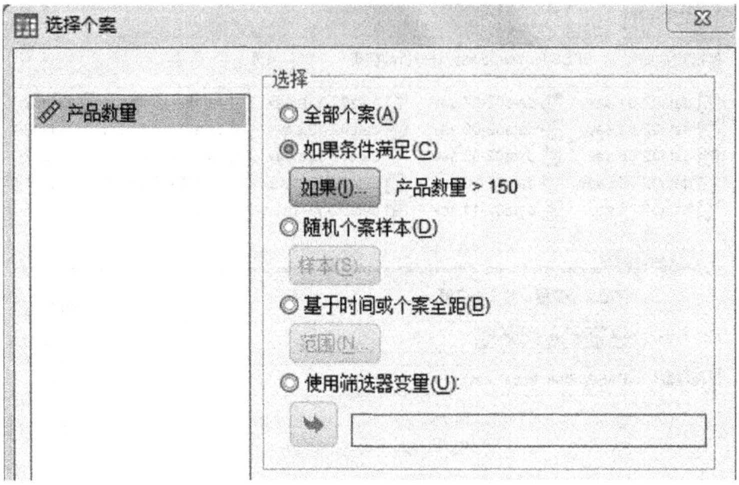

图 5-9　选择个案 对话框

图 5-10　选择个案对话框

单击 Ok 进行筛选，结果如图 5-11 所示。

（3）增加个案的数据合并（【合并文件】→【添加个案】）：将新数据文件中的观测合并到原数据文件中，在 SPSS 中实现数据文件纵向合并的方法如下：

选择菜单【数据】→【合并文件】→【添加个案】，如图 5-12，选择需要追加的数据文件，单击打开按钮，弹出 Add Cases 对话框，如图 5-13。

（4）增加变量的数据合并（【合并文件】→【添加变量】）：增加变量时指把两个或多个数据文件实现横向对接。例如将不同课程的成绩文件进行合并，收集来的数据被放置在一个新的数据文件中。在 SPSS 中实现数据文件横向合并的方法如下：

选择菜单【数据】→【合并文件】→【添加变量】，选择合并的数据文件，单击“打开”，

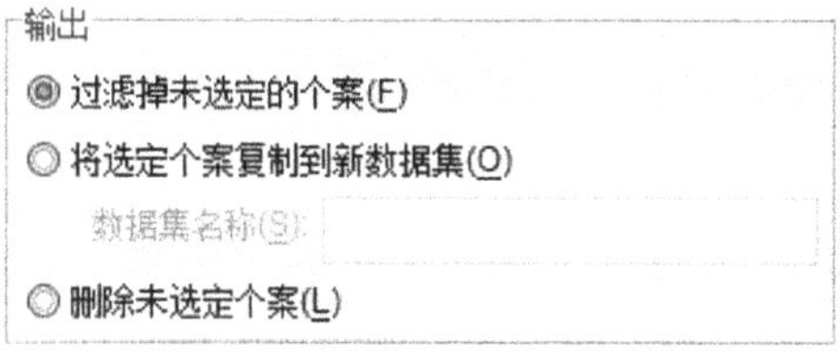

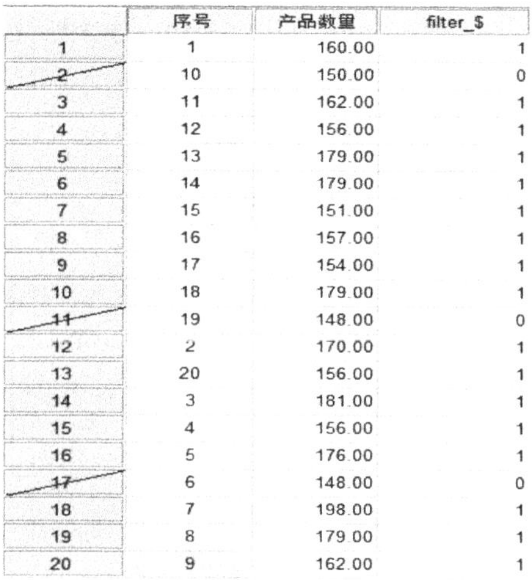

	序号	产品数量	filter_$
1	1	160.00	1
2	10	150.00	0
3	11	162.00	1
4	12	156.00	1
5	13	179.00	1
6	14	179.00	1
7	15	151.00	1
8	16	157.00	1
9	17	154.00	1
10	18	179.00	1
11	19	148.00	0
12	2	170.00	1
13	20	156.00	1
14	3	181.00	1
15	4	156.00	1
16	5	176.00	1
17	6	148.00	0
18	7	198.00	1
19	8	179.00	1
20	9	162.00	1

图 5-11　选择个案的结果

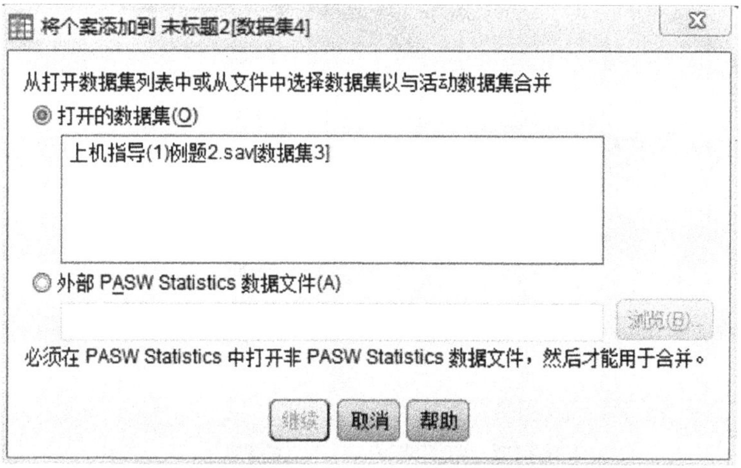

图 5-12　选择个体数据来源的文件

弹出添加变量，如图 5-14 所示。

单击 Ok 执行合并命令。这样，两个数据文件将按观测的顺序一对一地横向合并。

（5）数据拆分（split file）：在进行统计分析时，经常要对文件中的观测进行分组，然后按组分别进行分析。例如要求按性别不同分组。在 SPSS 中具体操作如下：

1）选择菜单【数据】→【分割文件】，打开对话框，如图 5-15 所示。

2）选择拆分数据后，输出结果的排列方式，该对话框提供了 3 种方式：对全部观测进行分析，不进行拆分；在输出结果中将各组的分析结果放在一起进行比较；按组排列输出结果，即单独显示每一分组的分析结果。

3）选择分组变量。

4）选择数据的排序方式。

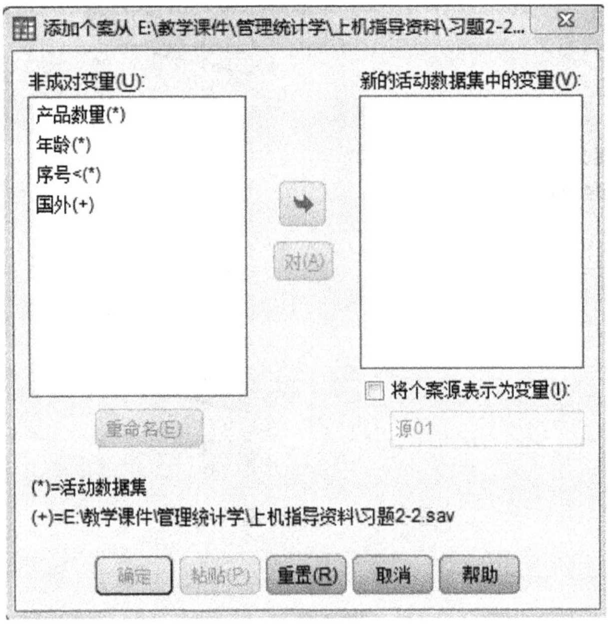

图 5-13　选择变量

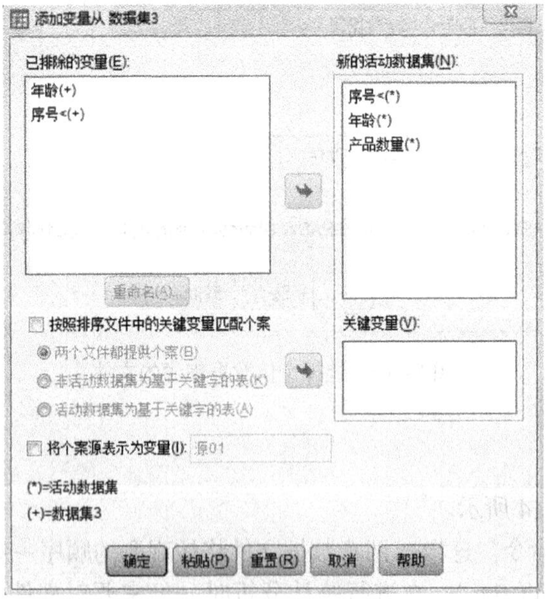

图 5-14　添加变量

5）单击 Ok 按钮，执行操作。

（6）计算新变量：在对数据文件中的数据进行统计分析的过程中，为了更有效地处理数据和反映事务的本质，有时需要对数据文件中的变量加工产生新的变量。比如经常需要把几个变量加总或取加权平均数，SPSS 中通过【计算】菜单命令来产生这样的新变量，其步骤如下：

1）选择菜单【转换】→【计算变量】，打开对话框，如图 5-16 所示。

图 5-15　分割文件对话框

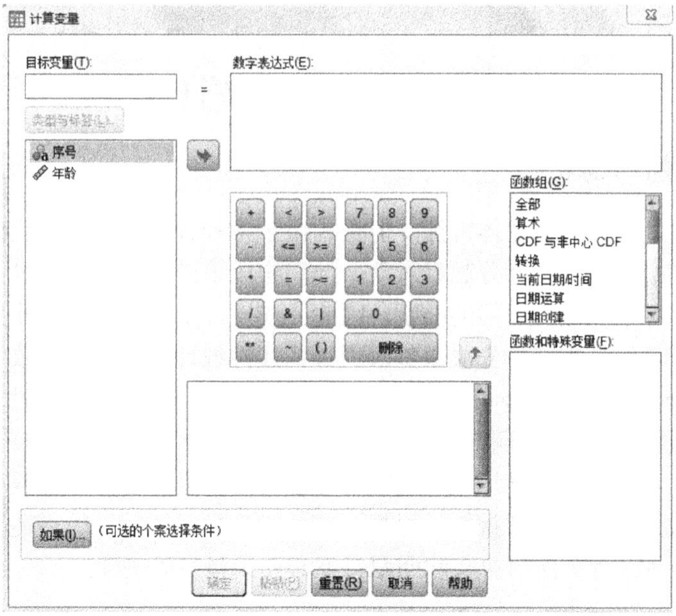

图 5-16　Compute Variable 对话框

2）在目标变量输入框中输入生成的新变量的变量名。单击输入框下面类型与标签按钮，在跳出的对话框中可以对新变量的类型和标签进行设置。

3）在数字表达式输入框中输入新变量的计算表达式。例如“年龄 >20”。

4）单击【如果】按钮，弹出子对话框，如图 5-17 所示。包含所有个体：对所有的观测进行计算；如果个案满足条件则包括：仅对满足条件的观测进行计算。

5）单击 Ok 按钮，执行命令，则可以在数据文件中看到一个新生成的变量。

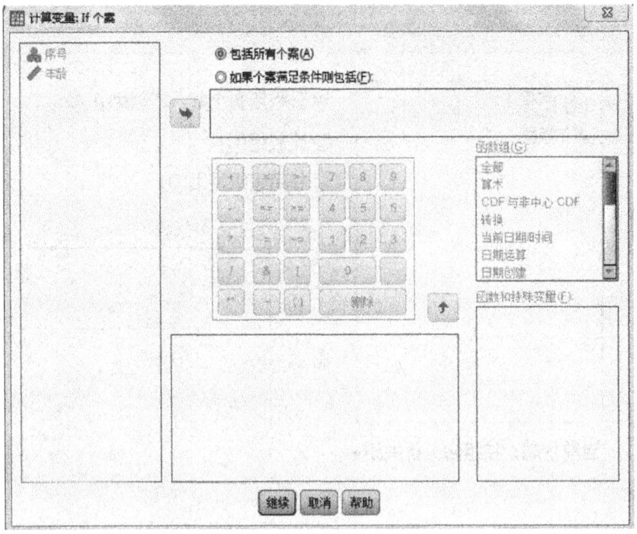

图 5-17 如果…子对话框

第三节 描述统计

一、试验目的与要求

统计分析的目的在于研究总体特征。但是，由于各种各样的原因，我们能够得到的往往只能是从总体中随机抽取的一部分观察对象，他们构成了样本，只有通过对样本的研究，我们才能对总体的实际情况做出可能的推断。因此，描述性统计分析是统计分析的第一步，做好这一步是进行正确统计推断的先决条件。通过描述性统计分析可以大致了解数据的分布类型和特点、数据分布的集中趋势和离散程度，或对数据进行初步的探索性分析（包括检查数据是否有错误，对数据分布特征和规律进行初步观察）。

本试验旨在于：引导学生利用正确的统计方法对数据进行适当的整理和显示，描述并探索出数据内在的数量规律性，掌握统计思想，培养学生学习统计学的兴趣，为继续学习推断统计方法及应用各种统计方法解决实际问题打下必要而坚实的基础。

二、试验原理

描述统计是统计分析的基础，它包括数据的收集、整理、显示，对数据中有用信息的提取和分析，通常用一些描述统计量来进行分析。

集中趋势的特征值：算术平均数、调和平均数、几何平均数、众数、中位数等。其中均数适用于正态分布和对称分布资料，中位数适用于所有分布类型的资料。

离散趋势的特征值：全距、内距、平均差、方差、标准差、标准误、离散系数等。其中标准差、方差适用于正态分布资料，标准误实际上反映了样本均数的波动程度。

分布特征值：偏态系数、峰度系数。他们反映了数据偏离正态分布的程度。

三、试验内容与步骤

下面给出的一个例题是来自 SPSS 软件自带的数据文件“Employee.data”，该文件包含某公司员工的工资、工龄、职业等变量，我们将利用此例题给出相关的描述统计说明，本例中，我们将以员工的当前工资为例，计算该公司员工当前工资的一些描述统计量，如均值、频数、方差等描述统计量的计算。

1. 频数分析（Frequencies）[1] 基本统计分析往往从频数分析开始。通过频数分析能够了解变量取值的状况，对把握数据的分布特征是非常有用的。比如，在某项调查中，想要知道被调查者的性别分布状况。频数分析的第一个基本任务是编制频数分布表。SPSS 中的频数分布表包括的内容有：

（1）频数（frequency）：即变量值落在某个区间中的次数。

（2）百分比（percent）：即各频数占总样本数的百分比。

（3）有效百分比（valid percent）：即各频数占有效样本数的百分比。这里有效样本数＝总样本－缺失样本数。

（4）累计百分比（cumulative percent）：即各百分比逐级累加起来的结果。最终取值为百分之百。

频数分析的第二个基本任务是绘制统计图。统计图是一种最为直接的数据刻画方式，能够非常清晰直观地展示变量的取值状况。频数分析中常用的统计图包括：条形图、饼图、直方图等。

频数分析的应用步骤：在 SPSS 中的频数分析的实现步骤如下：

选择菜单“【文件】—>【打开】—>【数据】”在对话框中找到需要分析的数据文件“SPSS/Employee data”，然后选择“打开”。

选择菜单“【分析】—>【描述统计】—>【频率】”。如图 5-18 所示。

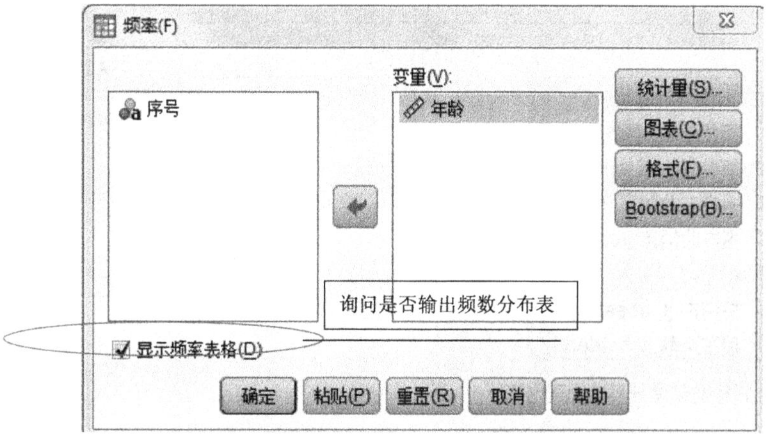

图 5-18 Frequencies 对话框

[1] 频数分析多适用于离散变量，其功能是描述离散变量的分布特征。

确定所要分析的变量，例如：年龄。

在变量选择确定之后，在同一窗口上，点击"Statistics"按钮，打开统计量对话框，如下图 5-19 所示，选择统计输出选项。

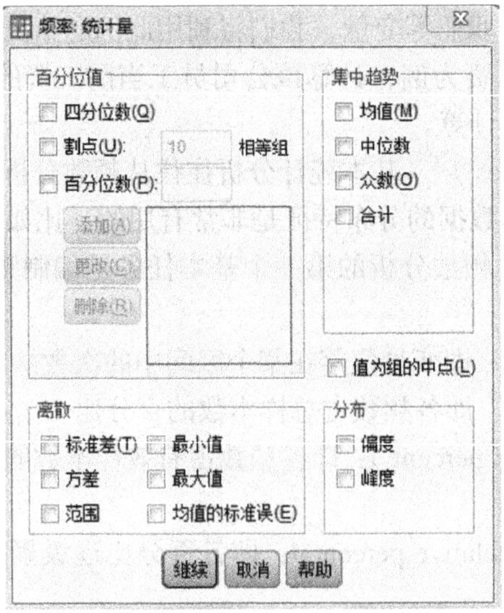

图 5-19 统计量子对话框

2. 描述统计（descriptives）[2] SPSS 的【描述】命令专门用于计算各种描述统计性统计量。本节利用某年国内上市公司的财务数据来介绍描述统计量在 SPSS 中的计算方法。具体操作步骤如下：

选择菜单【分析】→【描述统计】→【描述】，如图 5-20 所示。

将待分析的变量移入 Variables 列表框，例如将每股收益率、净资产收益率、资产负债

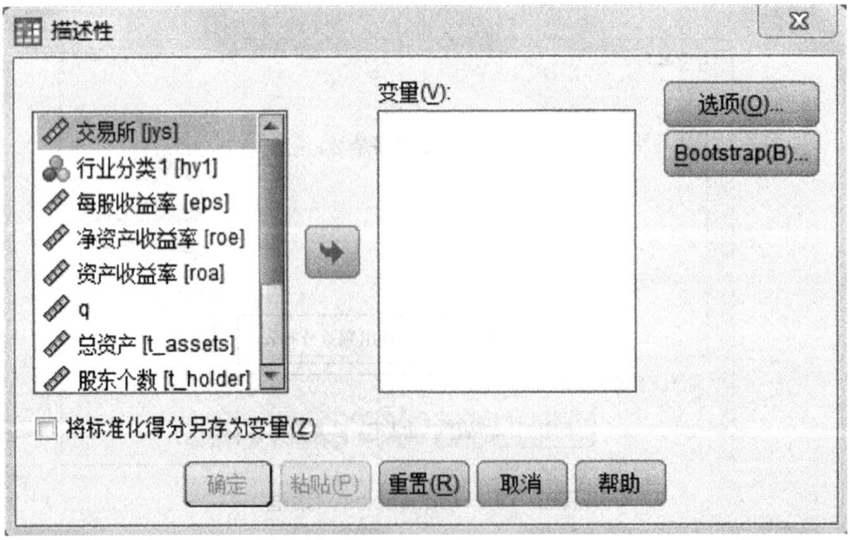

图 5-20 描述对话框

[2] 描述统计主要对定距型或定比型数据的分布特征做具体分析。

率等两个变量进行描述性统计，以观察上市公司股权集中度情况和负债比率的高低。

Save standardized values as variables，对所选择的每个变量进行标准化处理，产生相应的Z分值，作为新变量保存在数据窗口中。其变量名为相应变量名前加前缀Z。标准化计算公式：

$$Zi = \frac{Xi\text{-}\bar{x}}{s}$$

单击【选项】按钮，如图5-21所示，选择需要计算的描述统计量。各描述统计量同Frequencies命令中的Statistics子对话框中大部分相同，这里不再重复。

在主对话框中单击Ok执行操作。

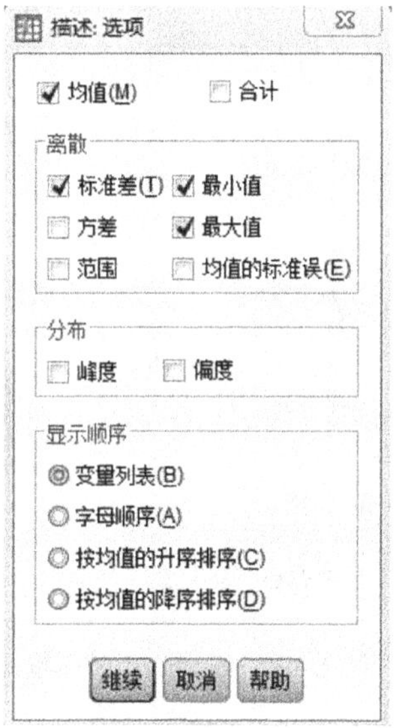

图5-21　选项子对话框

第四节　统计推断

一、试验目的与要求

（1）熟悉点估计概念与操作方法。

（2）熟悉区间估计的概念与操作方法。

（3）熟练掌握T检验的SPSS操作。

（4）学会利用T检验方法解决身边的实际问题。

二、试验原理

（1）参数估计的基本原理。

（2）假设检验的基本原理。

三、试验演示内容与步骤

1. 单个总体均值的区间估计

例题：为研究在黄金时段中，即每晚 8：30-9：00 内，电视广告所占时间的多少。美国广告协会抽样调查了 20 个最佳电视时段中广告所占的时间（单位：分钟）。请给出每晚 8：30 开始的半小时内广告所占时间区间估计，给定的置信度为 95%。操作程序：

◆ 打开 SPSS，建立数据文件："电视节目市场调查 .sav"。这里，研究变量为：time，即每天看电视的时间。

◆ 选择区间估计选项，方法如下：选择菜单【分析】—>【描述统计】—>【探索】"，打开图 5-22 Explore 对话框。

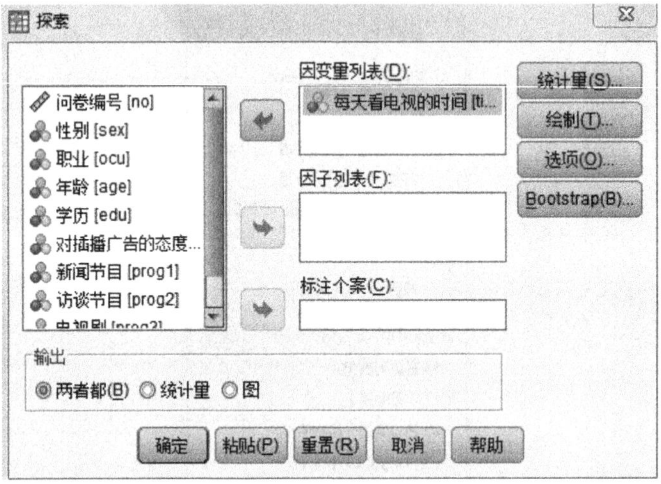

图 5-22 Explore 对话框

◆ 从源变量清单中将"time"变量移入 Dependent List 框中。

◆ 单击上图右方的"统计量"按钮打开"探索：统计量"对话框（图 5-23）。在设置均值的置信水平，如键入 95%，完成后单击"继续"按钮回到主窗口。

◆ 返回主窗口点击 Ok 运行操作。

2. 两个总体均值之差的区间估计

例题：The Wall Street Journal（1994，7）声称在制造业中，参加工会的妇女比未参加工会的妇女的报酬要多 2.5 美元。想通过统计方法，对这个观点是否正确给出检验。

假设抽取了 7 位女性工会会员与 8 位非工会会员女性报酬数据。要求对制造业中参加工会会员的女性报酬与未参加工会的女性报酬平均工资之差进行区间估计，预设的置信度为 95%。

◆ 打开 SPSS，按如图 5-24 示格式输入原始数据，建立数据文件："工会会员工资差别 .spss"。这里，"会员"表示是否为工会会员的变量，y 表示是工会会员，n 表示非工会会员，"报酬"表示女性员工报酬变量，单位：千美元。

◆ 计算两总体均值之差的区间估计，采用"独立样本 T 检验"方法。选择菜单"【分析】→【比较均值】→独立样本 T 检验"，打开对话框。

◆ 变量选择

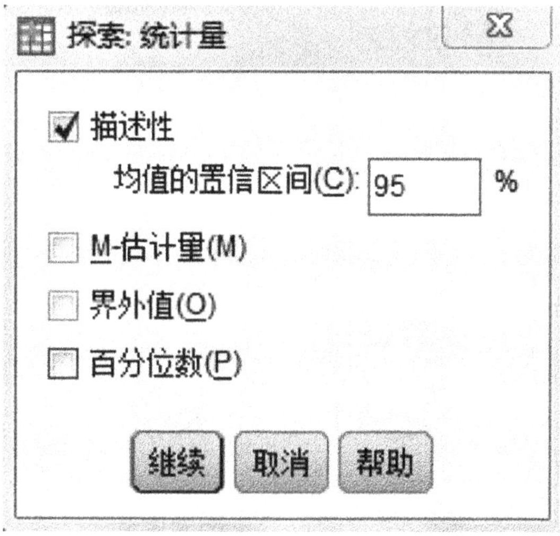

图 5-23　探索统计量设置窗口

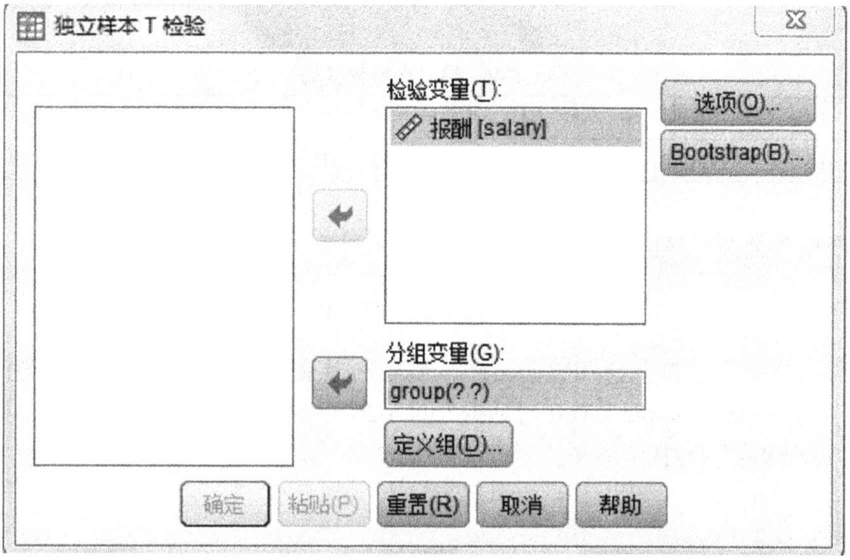

图 5-24　独立样本 T 检验对话框

（1）从源变量清单中将“报酬”变量移入检验变量框中。表示要求该变量的均值的区间估计。

（2）从源变量清单中将“group”变量移入分组变量框中。表示总体的分类变量。

◆ 定义分组：单击定义组按钮，打开 Define Groups 对话框（图 5-25）。在 Group1 中输入 1，在 Group2 中输入 2（1 表示非工会会员，2 表示工会会员）。完成后单击“继续”按钮回到主窗口。

3. 单个总体均值的假设检验（单样本 T 检验）

例子：某种品牌的沐浴肥皂制造程序的设计规格中要求每批平均生产 120 块肥皂，高于或低于该数量均被认为是不合理的，在由 10 批产品所组成的一个样本中，每批肥皂的产量

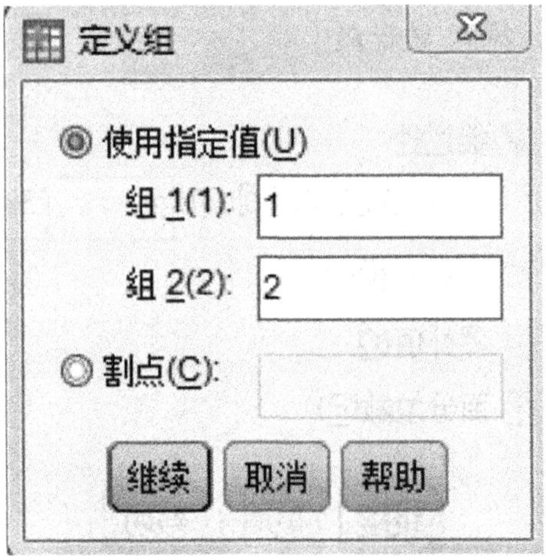

图 5–25 Define groups 设置窗口

数据见表 5-2，在 0.05 的显著水平下，检验该样本结果能否说明制造过程运行良好？

表 5-2 肥皂产量数据表

批次	1	2	3	4	5	6	7	8	9	10
产量	115	117	124	120	121	112	129	120	119	122

◆ 判断检验类型：该例属于"大样本、总体标准差 σ 未知。假设形式为：

$$H0：\mu=\mu0, H1：\mu \neq \mu0$$

◆ 软件实现程序、打开已知数据文件，然后选择菜单"【分析】→【比较均值】→单样本 T 检验"，打开 One-Sample T Test 对话框（图 5-26）。从源变量清单中将"产品数量"向右移入"Test Variables"框中。

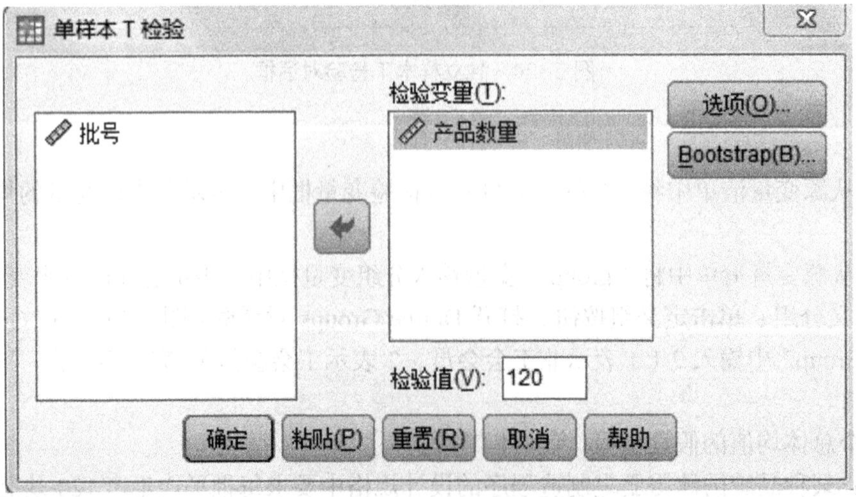

图 5-26 One-Sample T Test 窗口

在“Test Value”框里输入一个指定值（即假设检验值，本例中假设为 120），T 检验过程将对每个检验变量分别检验它们的平均值与这个指定数值相等的假设。

“One-Sample T Test”窗口中“Ok”按钮 .

4. 两独立样本的假设检验（两独立样本 T 检验）

例题：The Wall Street Journal（1994，7）声称在制造业中，参加工会的妇女比未参加工会的妇女的报酬要多 2.5 美元。想通过统计方法，对这个观点是否正确给出检验。

假设抽取了 7 位女性工会会员与 8 位非工会会员女性报酬数据。要求对制造业中参加工会会员的女性报酬与未参加工会的女性报酬平均工资之差进行区间估计，预设的置信度为 95%。

◆ 打开 SPSS，按图 5-27 示格式输入原始数据，建立数据文件：“工会会员工资差别 .sav”。这里，“会员”表示是否为工会会员的变量，y 表示是工会会员，n 表示非工会会员，“报酬”表示女性员工报酬变量，单位：千美元。

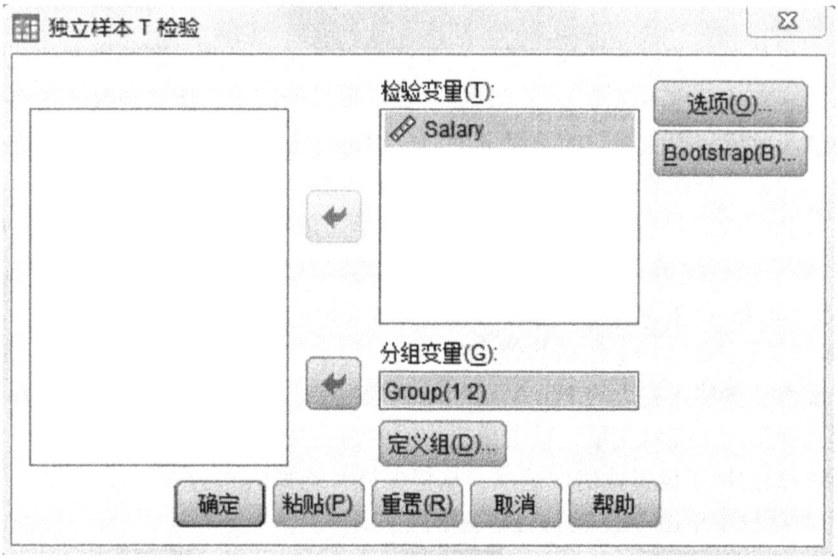

图 5-27　Sample T Test 窗口

◆ 计算两总体均值之差的区间估计，采用“独立样本 T 检验”方法。选择菜单“【分析】→【比较均值】→【独立样本 T 检验】”。

（1）从源变量清单中将“报酬”变量移入检验变量框中。表示要求该变量的均值的检验。

（2）从源变量清单中将“会员”变量移入分组变量框中。表示总体的分类变量。

◆ 定义分组：单击 Grouping Variable 框下面的 Define Groups 按钮，打开 Define Groups 对话框（图 5-28）。在 Group1 中输入 1，在 Group2 中输入 2（1 表示非工会会员，2 表示工会会员）。完成后单击“继续”按钮返回主窗口。

◆ 计算结果：单击上图中的“确定”按钮，直接输出结果。

5. 配对样本 T 检验　配对样本是对应独立样本而言的，配对样本是指一个样本在不同时间做了两次试验，或者具有两个类似的记录，从而比较其差异；独立样本检验是指不同样本平均数的比较，而配对样本检验往往是对相同样本二次平均数的检验。

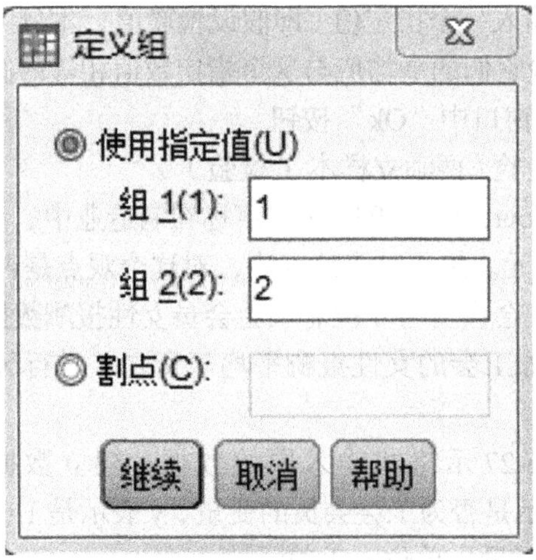

图 5-28 Define Groups 对话框

配对样本 T 检验的前提条件为：第一，两样本必须是配对的。即两样本的观察值数目相同，两样本的观察值顺序不随意更改。第二，样本来自的两个总体必须服从正态分布。例如针对试验前学习成绩和智商相同的两组学生，分别进行不同教学方法的训练，进行一段时间试验教学后，比较参与试验的两组学生的学习成绩是否存在显著性差异。

假设某校为了检验进行新式培训前后学生的学习成绩是否有了显著提高，从全校学生中随机抽出 30 名进行测试，这些学生培训前后的考试成绩放置于数据文件“学生培训 .sav”中。在 SPSS 中对这 30 名学生的成绩进行配对样本 t 检验的操作步骤如下：

- 选择菜单【分析】→【比较均值】→【配对样本 T 检验】，打开对话框，如图 5-29 所示，将两个配对变量移入右边的 Pair Variables 列表框中。移动的方法是先选择其中的一个配对变量，再选择第二个配对变量，接着单击中间的箭头按钮。
- 选项按钮的用于设置置信度选项，这里保持系统默认的 95%。
- 在主对话框中单击 Ok 按钮，执行操作。

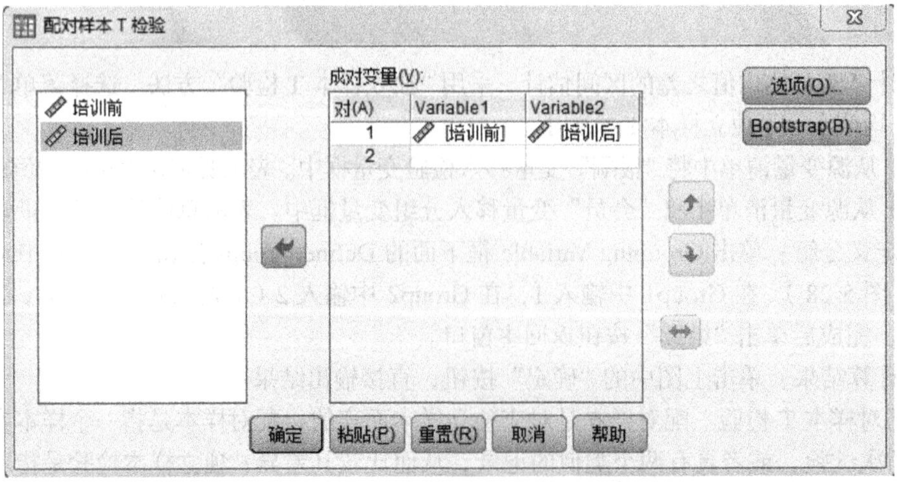

图 5-29 Paired-Samples T Test 对话框

第五节　方差分析

一、试验目标与要求

1. 帮助学生深入了解方差及方差分析的基本概念，掌握方差分析的基本思想和原理。

2. 掌握方差分析的过程。

3. 增强学生的实践能力，使学生能够利用 SPSS 统计软件，熟练进行单因素方差分析、两因素方差分析等操作，激发学生的学习兴趣，增强自我学习和研究的能力。

二、试验原理

在现实的生产和经营管理过程中，影响产品质量、数量或销量的因素往往很多。例如，农作物的产量受作物的品种、施肥的多少及种类等的影响；某种商品的销量受商品价格、质量、广告等的影响。为此引入方差分析的方法。

方差分析也是一种假设检验，它是对全部样本观测值的变动进行分解，将某种控制因素下各组样本观测值之间可能存在的由该因素导致的系统性误差与随机误差加以比较，据以推断各组样本之间是否存在显著差异。若存在显著差异，则说明该因素对各总体的影响是显著的。

方差分析有 3 个基本的概念：观测变量、因素和水平。观测变量是进行方差分析所研究的对象；因素是影响观测变量变化的客观或人为条件；因素的不同类别或不同取值则称为因素的不同水平。在上面的例子中，农作物的产量和商品的销量就是观测变量，作物的品种、施肥种类、商品价格、广告等就是因素。在方差分析中，因素常常是某一个或多个离散型的分类变量。

根据观测变量的个数，可将方差分析分为单变量方差分析和多变量方差分析；根据因素个数，可分为单因素方差分析和多因素方差分析。在 SPSS 中，有 One－way ANOVA(单变量－单因素方差分析)、GLM Univariate（单变量多因素方差分析）; GLM Multivariate（多变量多因素方差分析），不同的方差分析方法适用于不同的实际情况。本节仅练习最为常用的单因素单变量方差分析。

三、试验演示内容与步骤

单因素方差分析也称一维方差分析，对两组以上的均值加以比较。检验由单一因素影响的一个分析变量由因素各水平分组的均值之间的差异是否有统计意义。并可以进行两两组间均值的比较，称作组间均值的多重比较。主要采用 One-Way ANOVA 过程。

采用 One-Way ANOVA 过程要求：因变量属于正态分布总体，若因变量的分布明显是非正态，应该用非参数分析过程。若对被观测对象的试验不是随机分组的，而是进行的重复测量形成几个彼此不独立的变量，应该用 Repeated Measure 菜单项，进行重复测量方差分析，条件满足时，还可以进行趋势分析。

假设某汽车经销商为了研究东部、西部和中部地区市场上汽车的销量是否存在显著差异，在每个地区随机抽取几个城市进行调查统计，调查数据放置于数据文件“汽车销量调查 .sav”中。在 SPSS 中试验该检验的步骤如下：

◆ 步骤 1：选择菜单【分析】→【比较均值】→【单因素方差分析】，依次将观测变量销量移入因变量列表框，将因素变量地区移入因子列表框（图 5-30）。

◆ 单击两两比较按钮，如图 5-31，该对话框用于进行多重比较检验，即各因素水平下观测变量均值的两两比较。

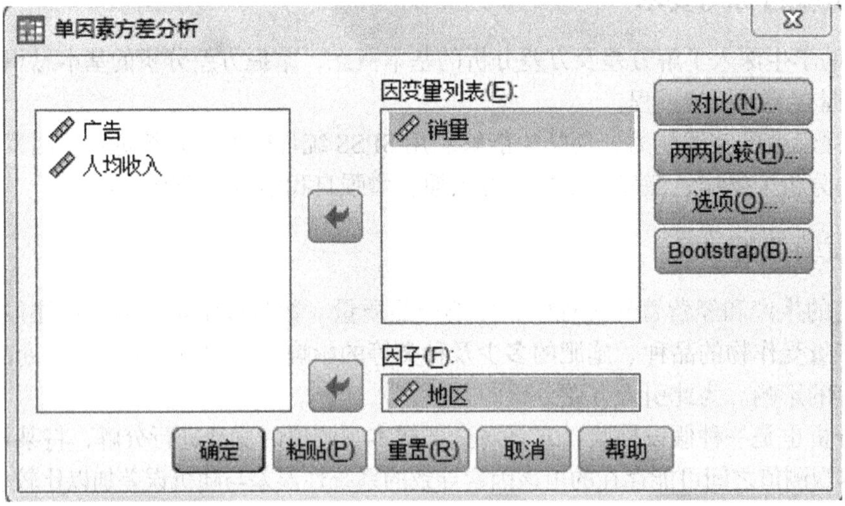

图 5-30 One-Way ANOVA 对话框

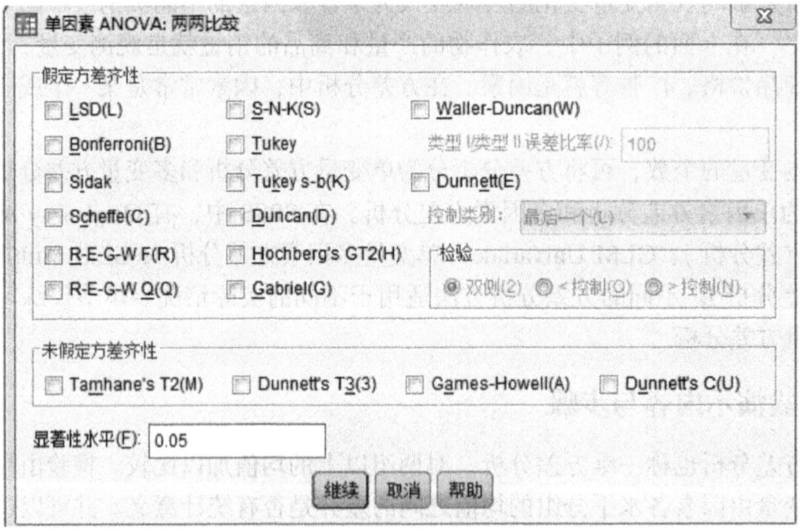

图 5-31 两两比较对话框

方差分析的原假设是各个因素水平下的观测变量均值都相等，备择假设是各均值不完全相等。假如一次方差分析的结果是拒绝原假设，我们只能判断各观测变量均值不完全相等，却不能得出各均值完全不相等的结论。各因素水平下观测变量均值的更为细致的比较就需要用多重比较检验。

假定方差齐性选项栏中给出了在观测变量满足不同因素水平下的方差齐性条件下的多种检验方法。这里选择最常用的 LSD 检验法；未假定方差齐性选项栏中给出了在观测变量不满足方差齐性条件下的多种检验方法。这里选择 Tamhane's T2 检验法；Significance level 输入框中用于输入多重比较检验的显示性水平，默认为 5%。

在主对话框中点击 Ok 按钮，可以得到单因素分析的结果。

第六节　相关分析与回归分析

一、试验目标与要求

本试验项目的目的是学习并使用 SPSS 软件进行相关分析和回归分析，具体包括：

1. 皮尔逊（Pearson）简单相关系数的计算与分析。

2. 学会在 SPSS 上实现一元及多元回归模型的计算与检验。

3. 学会回归模型的散点图与样本方程图形。

4. 学会对所计算结果进行统计分析说明。

5. 要求试验前，了解回归分析的如下内容。

参数 α、β 的估计。回归模型的检验方法：回归系数 β 的显著性检验（t- 检验）；回归方程显著性检验（F- 检验）。

二、试验原理

1. 相关分析的统计学原理　相关分析使用某个指标来表明现象之间相互依存关系的密切程度。用来测度简单线性相关关系的系数是 Pearson 简单相关系数。

2. 回归分析的统计学原理　相关关系不等于因果关系，要明确因果关系必须借助于回归分析。回归分析是研究两个变量或多个变量之间因果关系的统计方法。其基本思想是，在相关分析的基础上，对具有相关关系的两个或多个变量之间数量变化的一般关系进行测定，确立一个合适的数据模型，以便从一个已知量推断另一个未知量。回归分析的主要任务就是根据样本数据估计参数，建立回归模型，对参数和模型进行检验和判断，并进行预测等。

线性回归数学模型如下：

$$y_i = \beta_0 + \beta_1 x_{i1} + \beta_2 x_{i2} + \cdots + \beta_k x_{ik} + \varepsilon_i$$

在模型中，回归系数是未知的，可以在已有样本的基础上，使用最小二乘法对回归系数进行估计，得到如下的样本回归函数：

$$y_i = \hat{\beta}_0 + \hat{\beta}_1 x_{i1} + \hat{\beta}_2 x_{i2} + \cdots + \hat{\beta}_k x_{ik} + e_i$$

回归模型中的参数估计出来之后，还必须对其进行检验。如果通过检验发现模型有缺陷，则必须回到模型的设定阶段或参数估计阶段，重新选择被解释变量和解释变量及其函数形式，或者对数据进行加工整理之后再次估计参数。回归模型的检验包括一级检验和二级检验。一级检验又叫统计学检验，它是利用统计学的抽样理论来检验样本回归方程的可靠性，具体又可以分为拟和优度评价和显著性检验；二级检验又称为经济计量学检验，它是对线性回归模型的假定条件能否得到满足进行检验，具体包括序列相关检验、异方差检验等。

三、试验演示内容与步骤

1. 连续变量简单相关系数的计算与分析

在上市公司财务分析中，常常利用资产收益率、净资产收益率、每股净收益和托宾 Q 值 4 个指标来衡量公司经营绩效。本试验利用 SPSS 对这 4 个指标的相关性进行检验。操作步骤与过程：

◆ 打开数据文件“上市公司财务数据 (连续变量相关分析).sav”，依次选择“【分析】→【相关】→【双变量】”打开对话框如图 5-32，将待分析的 4 个指标移入右边的变量列表框内。其他均可选择默认项，单击 Ok 提交系统运行。

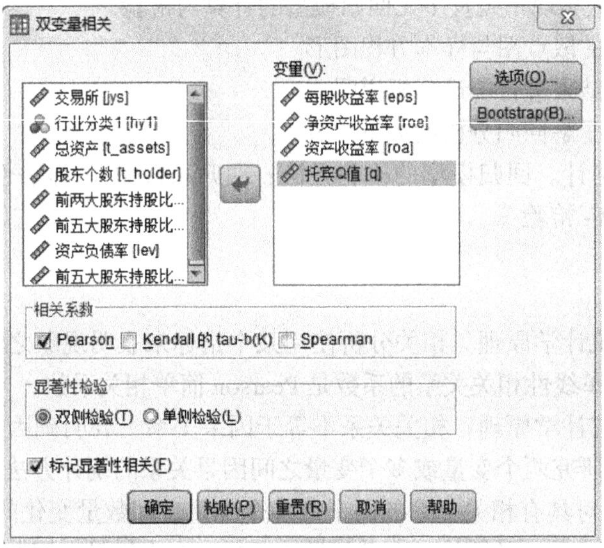

图 5-32 Bivariate Correlations 对话框

2. 一元线性回归分析

实例分析：家庭住房支出与年收入的回归模型：

在这个例子里，考虑家庭年收入对住房支出的影响，建立的模型如下：

$$y_i = \alpha + \beta xi + \varepsilon_i$$

其中，y_i 是住房支出，xi 是年收入

线性回归分析的基本步骤及结果分析：

（1）绘制散点图：打开数据文件，选择【图形】→【旧对话框】→【散点 / 点状】，如图 5-33 所示。选择简单分布，单击定义，打开子对话框，选择 X 变量和 Y 变量。单击 Ok 提交系统运行，结果见图 5-34 所示。

从图 5-35 上可直观地看出住房支出与年收入之间存在线性相关关系。

（2）简单相关分析

选择【分析】—>【相关】—>【双变量】，打开对话框，将变量“住房支出”与“年收入”移入 Variables 列表框，点击 Ok 运行，结果如表 5-3 所示。

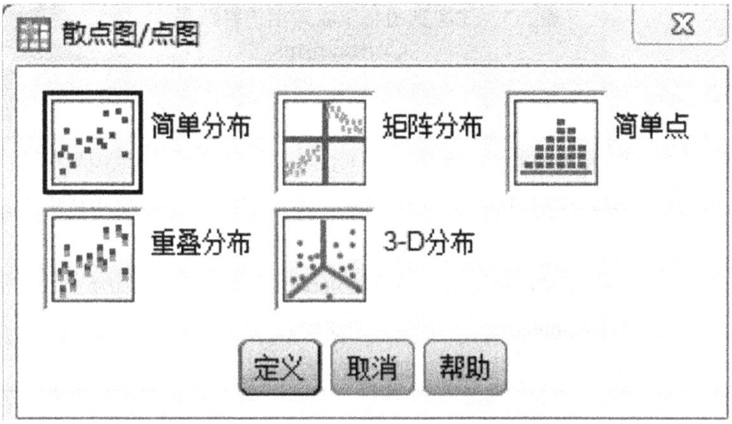

图 5-33　散点图对话框

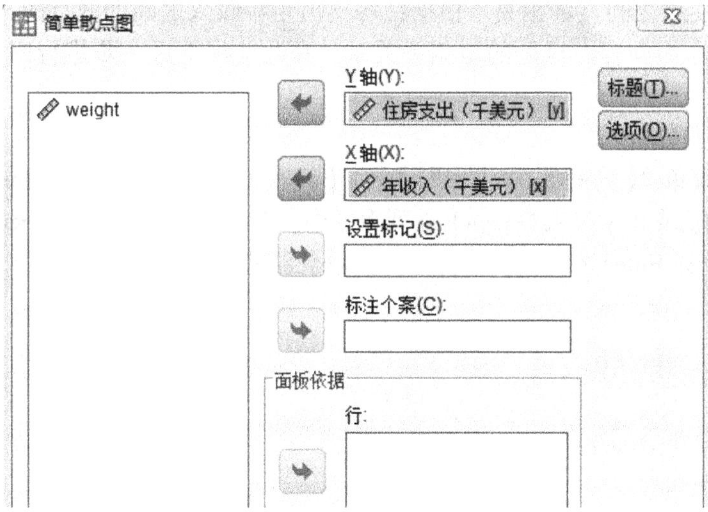

图 5-34　Simple Scatterplot 子对话框

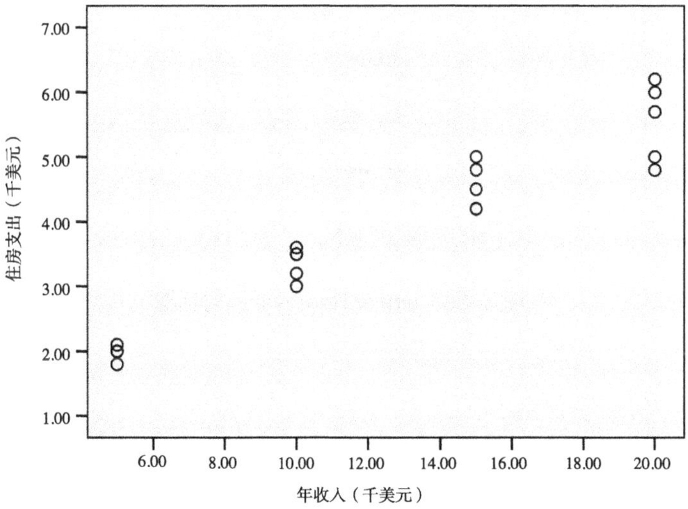

图 5-35　散点图

表 5-3　住房支出与年收入相关系数表

Correlations

		住房支出（千美元）	年收入（千美元）
住房支出（千美元）	Pearson Correlation	1	0.966(**)
	Sig. (2-tailed)	.	0.000
	N	20	20
年收入（千美元）	Pearson Correlation	0.966(**)	1
	Sig. (2-tailed)	0.000	.
	N	20	20

** Correlation is significant at the 0.01 level (2-tailed).

从表中可得到两变量之间的皮尔逊相关系数为0.966，双尾检验概率P值为0.000<0.05，故变量之间显著相关。根据住房支出与年收入之间的散点图与相关分析显示，住房支出与年收入之间存在显著的正相关关系。在此前提下进一步进行回归分析，建立一元线性回归方程。

（3）线性回归分析

步骤：选择菜单“【分析】—>【回归】—>【线性】”，打开Linear Regression对话框（图5-36）。将变量住房支出y移入Dependent列表框中，将年收入x移入Independents列表框中。在Method框中选择Enter选项，表示所选自变量全部进入回归模型。

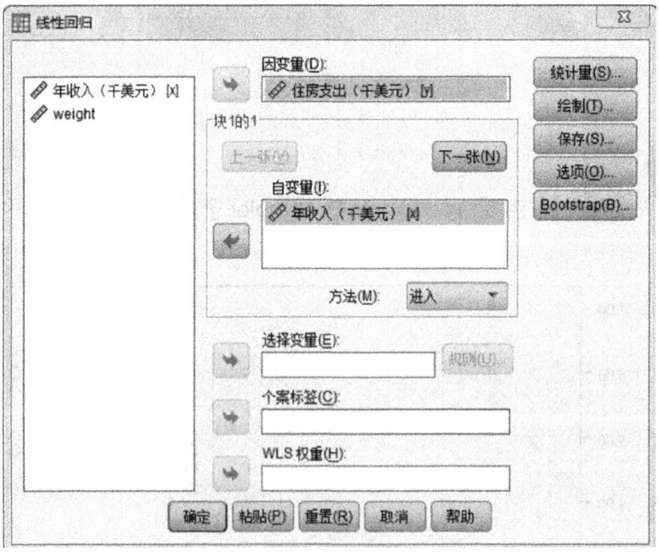

图 5-36　Linear Regression 对话框

（杜夏华）

第三部分

应用心理学实践

第六章　社会心理学实验指导

本章选取了两个社会心理学实验，每一个实验作为一节教学内容。第一节团体人际关系测量，让学生学会运用社会测量法来分析团体中人与人之间在心理上的近远和亲疏关系；第二节利他行为的影响因素检验，通过实验测试性别因素和环境因素对大学生利他行为的影响。两个社会心理学教学实验，目的在于加深学生对相应社会心理学理论知识的理解和巩固，并进一步培养学生对研究社会心理学问题的实践能力。

第一节　非正式团体的人际关系测量

一、实验目的

人际关系（interpersonal relationship）是指人与人在相互交往过程中所形成的心理关系。人们在现实生活中会形成正式和非正式两种团体，在不同团体中人际关系的表现也有所不同。其中非正式团体中的人际关系是在好感、喜爱、反感、厌恶等基础上形成的。分析非正式团体人际关系的最常用方法是社会测量法。本研究的目的是使学生学习运用社会测量法来分析非正式团体的人际关系。

二、实验被试

在校大学生。

三、实验场地

教学楼某教室。

四、实验工具

社会测量问卷、记录纸。

五、实验方法与程序

（一）研究对象

确定某一团体（如某班级在校大学生）作为研究对象。通过调查访问，了解集体成员对主要事件的意见、评价和态度，并与该集体建立起相互信任的关系。

（二）研究程序

根据集体的人数，发给每人一张问卷，要求被试在同一时间内完成问卷。（如果是30～40人的大群体，选择参数顺序选择法，即要求被试在肯定或否定选择上都选择3～5个备选人，并标明接纳及排斥的顺序；如果群体规模不足15人，对人际选择接纳及排斥的数目完全由被测量者自由选择，并按选择的重要性排序。）

六、结果分析

（1）制作社交矩阵。

（2）指数分析：通常用社会关系状况指数 S 和群体内聚力 C 表示。S 值越大，说明该群体人际关系越好；C 值越大，说明群体内聚力越强。

$$S_i=(M_{i+}+M_{i-})/(N-1)$$

（S_i 表示群体成员 i 的社会关系状况指数；M_{i+}表示其他成员对成员 i 的正选择；M_{i-} 表示其他成员对成员 i 的负选择；N 表示群体总人数）

$$C=(\sum M_{i+j})/C_N^2$$

（∑为总加符号；M_{i+j} 表示群体成员 i 和成员 j 相互正选择；C_N^2 表示一个组合公式，其值为群体中可能存在的相互选择的总数目）。

七、讨论

（1）分析集体中存在的非正式团体的类型及其形成原因。

（2）分析非正式团体成员间人际关系得以长期存在主要受哪些因素影响。

（3）社交矩阵和指数分析法的优缺点有哪些。

第二节 利他行为的影响因素检验

一、实验目的

利他行为（altruistic behavior）是指人们表现出来的一些关心他人而不考虑自己利益获得的行为。利他行为有益于他人，是自觉自愿表现出来的，行为人往往不期待任何形式的回报或奖励，同时利他行为具有自我牺牲性，要在时间、精力或物质上付出一定的代价，有时甚至是生命代价。利他行为是人与人之间在交往过程中维护良好关系的重要基础，因此，利他行为对个体一生的发展意义重大。通过实验，测试性别因素和环境因素对大学生利他行为的影响。

二、实验材料

手机（有拍摄功能）、自行车、问卷资料。

三、实验方法与程序

（一）方法一

主试抱着问卷资料急匆匆赶路，在看到有陌生同学（被试）经过时不小心把资料撒了一地，观察此时被试的反应和做法，观察不同性别的被试是否积极主动对主试提供帮助。

（二）方法二

主试骑着自行车经过，同时一只手里拿着问卷资料，不小心资料散落一地，此时观察周边陌生同学（被试）的反应和行为，观察不同性别的被试是否积极主动对主试提供帮助。

（三）实验程序

1. 场景一　在学校食堂前面空旷的场地上，主试 A（女）先用方法一进行实验，间隔 5 分钟主试 B（男）用同样的方法在相同地点进行实验；间隔 10 分钟主试 A（女）用方法二进行实验，间隔 5 分钟主试 B（男）用同样的方法在相同地点进行实验。

2. 场景二　在学校图书馆前面，人来人往的地方。主试 A（女）先用方法一进行实验，间隔 5 分钟主试 B（男）用同样的方法在相同地点进行实验；间隔 10 分钟主试 A（女）用方法二进行实验，间隔 5 分钟主试 B（男）用同样的方法在相同地点进行实验。

四、结果分析

详细记录各次实验中被试学生的反应。

五、讨论

1. 实验结果是否与已有研究结果一致。
2. 影响个体利他行为的各个因素（本实验所考察）之间是否有交互作用。
3. 本实验设计的优缺点各有哪些？
4. 影响个体利他行为的其他可能因素有哪些？

（乌日娜）

第七章　生理心理学实验指导

通过两个代表性的实验，使学生初步掌握生理心理学实验的基本方法，了解实验设计的基本原则，通过实验进一步验证和巩固生理心理学基本知识，并学会如何将所学基础知识应用于实践。生物反馈实验一节主要介绍了生物反馈的实质、工作原理、类型、应用范围以及实验的目的。此外，还对生物反馈实验的方法、环境、程序等方面进行了论述。情绪的测量与测谎一节主要介绍了情绪测量与测谎的基本原理与实质、测谎仪的工作原理、情绪测量与测谎的生理参量、测谎仪的构成及每部分的功能以及本实验的目的。此外，还对实验方法、实验环境、实验程序等方面进行了论述。

第一节　生物反馈实验

一、实验目的

生物反馈是借助于现代化的电子仪器放大我们通常观察不到的身体内部的生理过程。这些放大了的内部生理功能的信息，通过视觉或听觉的形式显示出来，这就使我们可以随意地控制和矫正不正常的生理反应。生物反馈的形式很多，如肌电生物反馈是一系列生物反馈仪中应用最广泛的一种仪器。肌电生物反馈通过训练肌肉放松可以有效地对付来自心理社会的紧张刺激，减轻焦虑情绪，提高学习和工作效率，促进良好个性特征的形成。可有效地治疗高血压、冠心病、溃疡病、偏头痛、焦虑症、神经症、书写痉挛等疾病。皮温生物反馈是最常用的生物反馈仪之一，是一种进行心身疾病治疗和康复训练的临床医疗精密电子仪器，用来测量人体皮肤温度的变化，用数字、光标、声响来表征，通过视觉、听觉将温度变化的信息反馈给人，经过反复训练，人们就可以自觉地利用这些信息有意识地调节、控制自身的心理生物机能，从而达到治病之目的。皮温生物反馈临床上用于降低血压、减缓心率、治疗偏头痛、紧张性头痛、糖尿病等各种疾病。心率生物反馈就是将人体心率及其变化经放大和信号处理后，用数字显示、光标移动、声响的方式反馈给被试和医生。被试通过对自己心率过程的了解，通过参与自己的心律变化的体验，学会有意识地控制、调节自己的心律，促使病体康复。临床上常用治疗阵发性房颤、阵发性室上性心动过速、心肌炎后遗症等。生物反馈仪还有很多，如脑电生物反馈仪等。

本实验的目的就是要掌握生物反馈治疗在临床上的实际操作和应用。

二、实验方法

仪器法。

三、实验环境及要求

1. 实验室。
2. 全班同学分组。

3. 仪器及材料

（1）肌电生物反馈仪。

（2）皮温生物反馈仪。

（3）心率生物反馈仪。

（4）录音机磁带。

（5）酒精棉球、盐水棉球。

四、实验程序

（一）被试的心理准备

1. 向被试讲明进行放松训练的必要性，使其能主动、积极地进行训练。

2. 让被试了解生物反馈放松训练是一种操作性学习，仪器是一种帮助学习的工具，学习成败的关键是能否坚持训练。

（二）基线测量

1. 检查安静状态的生理状况　在进行生物反馈放松训练前，需要对被试在安静状态下的生理状况做全面的检查。包括心理（如 EPQ 等）、生理（心电、血压、脉搏、呼吸等）、生化（血、尿等）、症状（根据个人主观感觉自行评定）。

2. 要求被试从测定基线值开始，记录生物反馈训练前后的数值变化。

（三）训练过程

1. 开始训练时要把仪器的量程调小，使其处于最灵敏的状态，即使是微弱的变化也能引起信号的明显改变。

2. 体位取坐位。

3. 传感器的安放位置　因为反馈仪的种类不同，传感器的安放位置也不同，如肌电反馈仪，可以安放在额部也可安放在上肢；皮温反馈仪，一般常放于中指和示指。所以必须根据反馈仪的类型，选择传感器安放位置。

4. 被试根据生物反馈训练磁带中的指导语进行放松训练，时间为 40 分钟。

（四）操作方法

1. 肌电生物反馈仪的操作步骤

（1）开机前准备工作：电极粘接好，并保证接触良好，导线两端分别连接仪器和电极。面板状态可将“量程”分别放到 0 ~ 90 位置，“光标量程”放在“低”的位置，“显示”放到“肌电”位置，“带宽”放到“窄”的位置。

（2）启动肌电仪电源开关，如果显示读数为一位数，可将量程向下调至 0 ~ 99.9，如果显示读数超过某一“量程”范围，则可向上改变量程。

（3）预置和音响的功能，根据需要可选择“>”，还是“<”：肌电信号大小不同，使声音有快慢和音调高低不同的变化。当预置肌电信号大小时，可将按键按下“>”位置，调动预置旋钮，数码管即显示出预值，调至所需预置值后，即按回“<”状，才可继续测量。

（4）使用结束后，关上电源，再解脱电极与肌肉的接触。

2. 皮温生物反馈仪的操作步骤

（1）使用时将测温探头固定在手的中指或示指，此处对温度变化比较灵敏。

（2）按下电源按钮，“数显”开关拨到“亮”位置，“阈值”设定按键处于“测量”位置，此时标字显示即为所测手指温度值。此时 C/°F 开关若拨到°F，则显示为华氏度，若拨到

“C”。则显示为摄氏度。测量方式开关拨到“A”位置，即单独测量A输入通道的温度，拨到“B”位置，即单独测量B输入通道温度，拨到“自动”位置，则根据定时开关所处的位置，自动定时交替测量A和B通道的温度。

（3）当“阈值”按键按下处于“设定”位置时，可调节粗调、细调旋钮未设定阈值，阈值的大小即在数字显示器上直接显示出来，显示值为华氏度。

（4）“声反馈方式”可自由选择“<”“>”或“双向”、扬声器发出声音的音调随被测温度的升高而升高，随被测温度的降低而变低。所以从音调的变化可以判断人体放松或紧张的程度。

（5）“音色”选择开关可根据需要进行选择扬声器发出的是连续声，脉冲声还是滴嗒声。其中脉冲声和滴嗒声，可通过“快/慢”选择按键来选择快慢速率。

（6）光标是由20个发光二极管组成其分辨率分四档，若按下0.1°F档按键时，则每移动一个灯表示温度变化0.1℉。光标向右移动表示被测温度升高，往左移动表示被测温度降低。分辨率按键处于其他档时，依此类推。当被测温度在低于15.6℃变化时，光标不会移动。

3. 心率生物反馈仪操作步骤

（1）接好传感器的输入端：将“n跳开关”中的数字“1”键按下，将“声反馈”中“心率键”按下，将“音量调节”向右旋至最大，将“光标调节”旋至刻度“0”。

（2）将仪器后面板电源插头接通电源。

（3）打开面板电源开关。

（4）按下“高置”键，转动“高预置调节”旋钮至数字“120”，按下“低置”键，转动“低预置调节”旋钮至数字“50”。

（5）将传感器夹在手指上，注意手指填满凹陷部分（任何一个手指即可）。

（6）嘱患者安静下来，坐好、手指自然放在身体旁边（坐位时可置于腿部）。

（7）观察光标是否有规律的上下移动和移动多少：如果光标变化不明显，可移动一下传感器的夹子。再观察光标的移动情况，直到光标上下移动有规律为止，再观察心率显示窗的心跳次数（传感器夹到手指上2～3分钟后才稳定），这时心跳一次，光标跳动一次，两者应一致，同时也有一声模拟心跳的声音。

（8）在以上状态下，做基础心率检测。

五、结果

各小组对于相关内容进行说明。

六、讨论

1. 生物反馈仪的工作原理是什么？
2. 生物反馈放松训练的实质是什么？
3. 生物反馈的形式有哪些？每种形式的操作应注意哪些问题？

（张　媛　成秀梅）

第二节　情绪的测量与测谎

一、实验目的

情绪的测量与测谎是心理测试技术的应用，主要是客观的检测被测人是否有经历违法、犯罪特殊事件的心理痕迹，而非测评被测人主观口供是否说谎。其基本原理是人的大脑对外界的感知信息会留下一定的心理痕迹即记忆，记忆痕迹的深浅、长短主要取决于事件对大脑的刺激强度和神经细胞的状态。在“言语唤醒”的作用下，被测人对犯罪事实的心理痕迹会在大脑记忆区域恢复并引起相关的情景记忆、动作记忆、视觉记忆等，进而引发皮肤电阻、血压、呼吸肌颤动等指标的变化。这些生理活动的变化规律一般难以受人的意识调控，而是受制于人的自主神经系统，通过测定这些生理参量的变化就可以分析心理变化，从而判断供述的真伪。测谎技术就是根据实际情景，用事先编制好的测试问题向被测试人提问，对其形成一定的心理刺激，再用多道生理记录仪记录被测试人的生理反应，通过对生理反应数值峰值的分析，了解被测试人对所提问题“是与否”的对应关系，从而得出或者知情、或者参与的结论。

情绪的发生与自主神经系统的生理变化存在着明显的联系，常用于测量自主神经系统活动的生理指标如心率、皮肤电阻反应、呼吸率、血压等，也可以用于测定情绪变化。测谎过程所激发的情绪与说谎时所引起的生理反应主要表现为：呼吸速率加快，并伴有间歇、停顿迹象；幅度变化失去规律性；汗腺分泌增加，皮肤电阻下降，皮电曲线上扬；心跳速度加快、强度减小，血压升高等。

“测谎仪”是“多参量心理测试仪”的俗称，心理测试仪是一种科学工具，它作为实验心理学的一种测试手段，广泛应用于高等院校、医院、体育心理训练等领域，而应用于公安、检察、法院、司法等执法部门则称为“测谎仪”。现代测谎仪由传感器、主机和微机组成。传感器与人的体表连接，采集人体生理参量的变化信息。传感器有 3 个触角：戴在人手指上的皮肤电传感器，这是一种不锈钢电极，用来测量皮肤电阻的变化；呼吸传感器是拉伸传感器，系在人的胸部，测量人呼吸的变化；脉搏和血压传感器是一种压敏传感器或血压计，戴在人腕部或臂部，测量人脉搏和血压的变化。主机是电子部件，将传感器所采集的模拟信号经过处理转换成数字信号。微机将输入的数字信号进行存储、分析，得出测谎结果。

本实验的目的是通过学生亲身参与实验，帮助学生了解多道生理记录仪的工作原理和测谎仪的使用方法，通过对生理指标的测量，了解情绪与生理变化之间的关系。

二、实验方法

仪器法。

三、实验环境及要求

1. 实验室　尽量排除外界干扰，室内温度适宜。不要选用有地毯的房间作测试室，因为地毯有静电，人们走动时产生的静电会影响图谱的采集，尤其是皮肤电的采集。

2. 全班同学分组。

3. 仪器及材料

（1）生理记录仪。

（2）两个皮肤电阻传感器。

（3）两个呼吸传感器。

（4）一副血压计护套。

（5）计算机。

四、实验程序

（一）测谎演示

1. 测前谈话

（1）向被试讲明测谎原理，并告知测谎与测谎仪对身体无害。

（2）告知被试不会对其人格品质进行评价，缓解被试紧张情绪。

（3）与被试讨论将要进行的测试题目内容，倾听被试的感受和辩解。

2. 测前准备

（1）检查被试的身体健康状况（如高血压、冠心病等）以及心理健康状况（排除精神障碍患者），确定被试是否适合做测谎。

（2）指导被试坐好，安装传感器，被试胸部和腹部束上接触管，在示指和无名指上戴上氯化银片，胳臂上安有血压计。让被试选择一个舒适坐姿，并在整个实验过程中尽量保持该姿势不动。测试人员和仪器最好放在被测者身后，以确保被测者在测谎时不分心。

（3）主试退回到测试桌后，要求被试保持手指不动。开启测谎仪，调节灵敏度，取得最佳呼吸、皮肤电曲线效果，然后向血压计内泵气，调整心率曲线。

3. 正式测试

（1）主试朗读指导语：下面测试正式开始，测试中所提问题都是我们之前讨论过的，请你对所提问题做出“是”或“不是”的回答，测试过程中请您尽量配合，不要乱动，以免影响测试结果。

（2）实验开始：按照事先编制好的问卷向被试提问，并记录被试的呼吸、皮肤电、心电图谱等。被试回答一个问题 25 ~ 30 秒后，再提问下一个问题。每轮测试约 6 ~ 7 分钟，每项测试进行 3 ~ 4 轮，即收集 3 ~ 4 个同类问题的生理图谱，每轮测试之间被试休息 15 分钟。

（3）实验结束：将仪器从被试身上取下。

（4）评估图谱并采用数量化评分方法评分：在数量化评分方法中，要比较对相关问题和控制问题的生理反应（R1 与 C1，R2 与 C2，R3 与 C3）。存在四种可能，生理反应无差异记 0，有明显差异记 1，强烈差异和激烈差异分别记 2 和 3。如果相关问题的反应比控制问题强记负分（–1、–2、–3），反应弱记正分（+1、+2、+3），所有的分数加起来得到一个总分，在总分的基础上得出结论。如果总分在 –6 或者更低 (–7、–8 等)，结论为说谎。如果总分在 +6 或者更高 (+7、+8 等)，结论为诚实，分数在 –5 到 +5 之间意味着没有结论。

（5）结合电脑评分得出最后结果。

（二）情景模拟

1. 情景举例　在实验室的另外一个房间里，放置一张办公桌，由实验室其他老师将 100 元人民币放入该办公桌的抽屉里。（注：在进行试验的过程中，可以充分发挥学生的主动性，让学生自己创设一些情景。如参观沙盘游戏时将模具拿走，在生理心理学单元测试中作弊等）。

2. 实验分组　根据班级人数对学生进行合理分组，既有被试组也有主试组。每组 5 ~ 6 名学生。

3. 推举小偷　由被试组自己讨论，推举 1 名学生扮演小偷，到房间中把 100 块钱拿走、藏好。

4. 推举参加测试人员　由被试组自己讨论，推举 1 名学生参加测谎，这名学生既可以是偷钱的那个学生，也可以是小组内的其他人。

（三）问卷编制

1. 推举主试　每个主试小组经讨论推选出 1 名学生作为主试，主持测谎。

2. 编制问卷　主试组的学生在老师的指导下采用准绳问题测试法（control question test，CQT）编制测验。

准绳问题测试法把问题按照其与情景相关程度分为：相关问题、无关问题和对照问题。相关问题 (relevant question) 是指那些明确涉及情景的问题，也就是测试所要甄别的问题，这是测试中的核心；对照 (control question) (准绳) 问题：事先估计到测试对象会说谎，或很可能说谎。这类问题应和正在测试的情景问题无关，但类似。使用准绳问题用来触发一个心理反应，以便和相关问题进行比较；无关问题 (irrelevant question)：这类问题与情景无关，同时被测人回答时，不会造成什么负担，也不会引起太大的情绪反应。这类问题是用来测定被测人在测试过程中的正常反应水平。

上述实验室丢钱的情景，CQT 法编制的测试试题如下：

（1）你叫 ××× 吗？（无关问题）

（2）我只问你我们刚才讨论过的问题，你听清楚了吗？（无关问题）

（3）就实验室丢 100 块钱的事，你现在跟我说的都是真话吗？（相关问题）

（4）你上小学的时候偷拿过你父母的零钱吗？（准绳问题）

（5）实验室丢了 100 块钱，是不是你拿走的？（相关问题）

（6）你上中学时偷拿过你同学的文具用品吗？（准绳问题）

（7）你说你没拿实验室的 100 块钱，说的是实话吗？（相关问题）

（8）你有没有过在超市顺手牵羊的行为？（准绳问题）

（9）今天你是不是偷拿了实验室的 100 元钱？（相关问题）

（10）我不会问你我们刚才没有讨论的问题，你听明白了吗？（无关问题）

（四）实验测谎

学生按照测谎演示的实验步骤进行测谎，并分析测量结果。

五、结果

各小组对于相关内容进行说明。

六、讨论

1. 测谎仪的工作原理与实质是什么？
2. 情绪与生理变化的关系如何？
3. 为使测量结果更准确，情景模拟和问卷编制时应注意哪些问题？

（成秀梅　张　媛）

第八章　变态心理学实践指导

第一节　对变态的认识和理解

变态心理或者心理障碍 (psychological disorder) 是一种伴随着痛苦和功能性损伤出现的个体内部的心理功能紊乱，是一种不典型的或文化上不被期待的行为反应。变态心理研究病因学以及那些有关疾病的起源，研究心理障碍的表现，

以及为什么会产生心理障碍，它包括了生物、心理和社会三个维度。判断一个行为或一个人是否变态并不像判断温度一样简单，因为判断变态是具有社会性的，社会是不断变化的，因此其判断标准也是随之不断变更的。对于某个个体或者某个行为是否应该被判定为变态，有时会基于做出判断的人的不同而存在不同的意见，即做出判断的人是出现行为问题的本人（行动者），还是观察行为问题的人。

本实践的目的是加深学生对心理健康和异常心理与行为的认识和看法。

一、异常心理与行为的调查研究

（一）实践方法

调查法、观察法。

（二）实践环境

1. 教室外。

2. 全班同学。

（三）实践准备

1. 在理论课学习完变态心理学概述这一章后开始此次实践。

2. 把学生分为若干小组（4 人一组）。使学生了解实验内容，以小组为单位分别查阅相关文献，熟悉心理健康和异常心理与行为的概念和标准。

3. 按上面的要求，各小组设计调查问卷，经老师审阅通过后再进行调查。

（四）实践调查

各组相互配合，到学校教室外、操场、图书馆、马路、食堂等地方，随机对 8 ~ 10 个大学生关于心理健康和异常心理与行为的认识和看法进行调查。

（五）结果

1. 调查完成后后，各小组回到教室或实验室。

2. 写出调查总结（对于调查结果的分析，调查对于自己的启发及自己的看法，必要的参考文献等）。

（六）讨论

1. 各小组派出 1 名代表，轮流上台宣读小组调查报告。

2. 根据实践结果，说明异常心理行为的主要表现，老师指出存在的问题和调查注意事项。

（张　媛）

第二节 常见的精神症状

心理病理现象：

人的正常精神活动按心理学分为感知、思维、情感和意志行为等心理过程。心理病理学，即现象学，它着重于对变态心理的客观描述，并尽量避免受理论学说的影响，它完全涉及有意识的体验和能观察到的行为；心理障碍的基本症状是指心理变态的个别症状。在现实生活中，异常心理与行为的表现十分复杂，它可以是单个的症状，也可以同时存在多个症状。心理病理现象与临床精神病学中的症状基本相同。

本实验的目的是加深学生对心理病理现象的理解及认识。

（一）实践方法

模拟法、表演法。

（二）实践环境

1. 教室或实验室。

2. 全班同学。

（三）实践准备

1. 在理论课学习完心理病理学这一章后开始此次实践。

2. 把学生分为若干小组（4 人一组）。使学生了解实验内容，以小组为单位分别查阅相关文献，各组在课程中表演某 1～2 种异常症状。

3. 按上面的要求，各小组共练习 2 次后，再进行正式演示。

（四）正式演示

各组相互配合，在课程中轮流表演某 1～2 种异常症状（5 分钟），并在表演后让其他学生猜测为何种症状。

（五）结果

1. 表演后，各小组对于相关内容进行说明。

2. 对于各小组表演，其他同学予以点评。

（六）讨论

1. 对于大家没有猜测正确的症状，老师重点进行复习、讲解。

2. 根据今日实践，说明心理病理现象的重要性，教会学生对临床常见症状的认识。

（张 媛）

第三节 变态心理疾病学

一、电影人物变态心理与行为分析（1）

人的行为或心理是否健康正常，在不同的社会文化群体中有不同的规范和标准，心理功能紊乱涉及认知、情感和行为三方面的功能损伤。对于理解和治疗心理障碍来说，考虑种族和文化差异是很重要的。由于临床一段时间内典型患者难以集中向学生示教，经典电影曾经演绎的典型人物形象较好地诠释了变态心理学中各种疾病的表现，实践中电影片段的展现有助于学生直观、形象地辨析症状，理解疾病。

本实践的目的是加深学生对变态心理疾病的认识和看法。

（一）实践方法

影视法。

（二）实践环境

1. 教室。

2. 全班同学。

（三）实践准备

在理论课学习完变态心理学疾病各章后开始此次实践。

（四）正式演示

老师讲明实践目的、内容，在课堂中分别放映 2 ~ 3 部电影片段（每段 5 ~ 15 分钟），并在每段放映结束后让学生分析电影人物的心理（行为），必要时补充此电影前后相关片段，并启发学生思考讨论。

（五）结果

1. 第一部电影片段基本由老师示教分析。

2. 此后均为老师主持学生分析，老师予以点评。

（六）讨论

1. 对于大家有分歧、不易鉴别的疾病表现，老师重点进行回顾、讲解。

2. 根据今日实践，说明各种心理疾病的诊断标准，教会学生对临床常见疾病症状的认识。

（张　媛）

二、电影人物变态心理与行为分析（2）

人的行为或心理是否健康正常，在不同的社会文化群体中有不同的规范和标准，心理功能紊乱涉及认知、情感和行为三方面的功能损伤。对于理解和治疗心理障碍来说，考虑种族和文化差异是很重要的。判断一个行为或一个人是否变态并不像判断温度一样简单，因为判断变态是具有社会性的，社会是不断变化的，因此其判断标准也是随之不断变更的。对于某个个体或者某个行为是否应该被判定为变态，有时会基于做出判断的人的不同而存在不同的意见，即做出判断的人是出现行为问题的本人（行动者），还是观察行为问题的人。由于临床一段时间内典型患者难以集中向学生示教，经典电影曾经演绎的典型人物形象较好地诠释了变态心理学中各种疾病的表现，实践中电影片段的展现有助于学生直观、形象地辨析症状，理解疾病。

本实践的目的是加深学生对变态心理疾病的认识和看法。

（一）实践方法

影视法。

（二）实践环境

1. 教室。

2. 全班同学。

（三）实践准备

在理论课学习完变态心理学疾病各章后开始此次实践。

（四）正式演示

老师讲明实践目的、内容，在课堂中分别放映2部电影（每部50分钟左右），并在每段放映结束后让学生分析电影主人公的心理（行为），启发学生思考讨论。

（五）结果

1. 第一部电影由老师示教分析。
2. 第二部为老师主持学生分析，老师予以点评。

（六）讨论

老师启发学生归纳总结电影人物的突出症状，结合教材内容，掌握此类疾病的病因、临床表现、诊断、治疗原则，并讨论可能的治疗方案。

（张　媛）

第四节　异常心理与行为的读书报告

写专业文献的读书报告是大学生应该具备的学术能力之一，读书报告的形式多种多样，没有任何规范。通过阅读著作，个人根据阅读感受，自由选取一个自己最感兴趣的角度确立一个论题，它的内容可包括：a. 本书的概况：作者简介、内容概要；本书在表达、处理等方面的特别之处等；b. 本书的主要观点、意图；c. 本书的精华部分或个人最喜爱的部分；d. 对本书的评价和观感；e. 读后感：①书中情节引起的联想，②书中内容引起的疑问，③本书令你有何提醒、启发及反思，④本书引起的思想上的转变，⑤本书令你引发的期望 。f. 本书读后的收获。

本实践的目的是让学生学会查阅相关文献，对异常心理与行为资料的阅读有想法和总结。

（一）实践方法

文献法。

（二）实践环境

1. 图书馆 / 实验室。
2. 全班同学。

（三）实践准备

1. 在理论课学习完变态心理学疾病各章后开始此次实践。
2. 使学生了解实践内容，课前选择自己感兴趣课题（某种变态心理学疾病），分别借阅相关图书、杂志、电子期刊等文献至少3～5本。

（四）实践

1. 上课时，把选择相同内容者分为一组，资源共享，老师可引导读书方向。
2. 学生集中精力统一阅读自己所选文献，形成关于此类疾病或异常心理与行为的认识和看法，撰写读书报告。

（五）结果

交读书报告（类似简单综述，有自己想法、观点，必要的参考文献等）。

（六）讨论

1. 若时间允许，选几名代表，轮流上台宣读读书报告。
2. 老师指出存在的问题和注意事项，课后补充修改交作业。

（张　媛）

第九章 人格心理学实验指导

第一节 气质类型测试量表

一、实验目的

气质（temperament）是表现在心理活动的强度、速度、灵活性与指向性等方面的一种稳定的心理特征。希波克拉底是古希腊著名的医生，他认为体液即是人体性质的物质基础。他在“四根说”发展为“四液说”的基础上，进一步加以系统化。希波克拉底认为人体中有四种性质不同的液体，它们来自于不同的器官。其中，黏液生于脑，是水根，有冷的性质；黄胆汁生于肝，是气根，有热的性质；黑胆汁生于胃，是土根，有渐温的性质；血液出于心脏，是火根，有干燥的性质。人的体质不同，是由于四种体液的不同比例所致。我国心理学家陈会昌等根据相关理论编制了陈会昌气质量表，又称“陈会昌六十气质量表，共 60 题，每种气质类型 15 题，测量出 4 种气质类型：胆汁质、多血质、黏液质和抑郁质。本实验目的旨在通过实施测验及对所得测验结果的分析过程，使同学们进一步了解本问卷的结构及测试意义。

二、实验步骤

1. 将全班同学分为两组。
2. 两组同学轮流作为主试和被试，进行问卷的施测、计分及结果分析。

三、实验结果

（一）胆汁质

相当于神经活动强而不均衡型。这种气质的人兴奋性很好，脾气暴躁，性情直率，精力旺盛，能以很高的热情埋头事业，兴奋时，决心克服一切困难，精力耗尽时，情绪一落千丈。

（二）多血质

相当于神经活动强而均衡性。热情，有能力，适应性强，喜欢交际，精神愉快，机智灵活，注意力易转移，情绪易改变。但办事重兴趣，富于幻想，不愿做耐心细致的工作。

（三）黏液质

相当于神经活动强而均衡性。平静，善于克制忍让，生活有规律，不为无关事情分心，埋头苦干，有耐久力，态度持重，不卑不亢，不爱空谈，严肃认真。但不够灵活，注意力不易转移，易墨守成规。

（四）抑郁质

相当于神经活动弱型。沉静、深刻、易相处，人缘好，办事稳妥可靠，做事坚定，能克服困难。但比较敏感，易受挫折，孤僻、寡欲，反应缓慢。

四、实验讨论

1. 如何根据其人格三个维度的理论来解释所得结果。
2. 施测过程中应该注意哪些问题。

第二节　艾森克人格问卷测试

一、实验目的

艾森克人格问卷（Eysenck personality questionnaire，EPQ）是由英国心理学教授艾森克及其夫人根据其人格三个维度的理论编制而成。本实验目的旨在通过实施测验及对所得测验结果的分析过程，使同学们进一步了解本问卷的结构及测试意义。

二、实验步骤

1. 将全班同学分为两组。
2. 两组同学轮流作为主试和被试，进行问卷的施测、计分及结果分析。

三、实验结果

艾森克人格问卷由三个人格维度和一个效度量表组成编制，分别为：

（一）精神质（P）维度

测查一些与精神病理有关的人格特征。高分可能具有孤独、不关心他人、难以适应外部环境、不近人情、与别人不友好等特征；也可能具有与众极其不同的人格特征，如喜欢干奇特的事情，且不顾危险等。

（二）内－外向（E）维度

测查内向和外向人格特征。高分反映个性外向，具有好交际、热情、冲动等特征，低分则反映个性内向，具有好静、稳重、不善言谈等特征。

（三）神经质（N）维度

测查情绪稳定性。高分反映易焦虑、抑郁和较强烈的情绪反应倾向等特征。

（四）掩饰（L）量表

测查朴实、遵从社会习俗及道德规范等特征。EPQ 结果采用标准 T 分表示，根据各维度T分高低判断人格倾向和特征。还将N维度和E维度组合，进一步分出外向稳定（多血质）、外向不稳定（胆汁质）、内向稳定（黏液质）、内向不稳定（抑郁质）四种人格特征，各型之间还有移行型。

四、实验讨论

1. 如何根据其人格三个维度的理论来解释所得结果？
2. 施测过程中应该注意哪些问题。

第三节 明尼苏达多项人格测验

一、实验目的

明尼苏达多项人格测验（Minnesota multiphasic personality inventory，简称 MMPI）是由明尼苏达大学教授哈瑟韦（S. R. Hathaway）和麦金力（J. C. Mckinley）于 20 世纪 40 年代制定的，是迄今应用极广、颇富权威的一种纸 - 笔式人格测验。该问卷的制定方法是分别对正常人和精神病患者进行预测，以确定在哪些条目上不同人有显著不同的反应模式，因此该测验最常用于鉴别精神疾病。本实验目的旨在通过实施测验及对所得测验结果的分析过程，使同学们进一步了解本问卷的结构及测试意义。

二、实验步骤

1. 将全班同学分为两组。
2. 两组同学轮流作为主试和被试，进行问卷的施测、计分及结果分析。

三、实验结果

明尼苏达多项人格测验由 14 个量表组成，并分为两部分：

（一）10 个临床量表

Hs：疑病（hypochondriasis）——对身体功能的不正常关心。

D：抑郁（depression）——与忧郁、淡漠、悲观、思想与行动缓慢有关。

Hy：癔症（hysteria）——依赖、天真、外露、幼稚及自我陶醉，并缺乏自知力。

Pd：精神病态（psychopathic deviate）——病态人格（反社会、攻击型人格）。

Mf：男性化 - 女性化（masculinity-femininity）——高分的男人表现敏感、爱美、被动、女性化；高分妇女看做男性化、粗鲁、好攻击、自信、缺乏情感、不敏感。极端高分考虑同性恋倾向和同性恋行为。

Pa：妄想狂（paranoia）——偏执、不可动摇的妄想、猜疑。

Pt：精神衰弱（psychasthenia）——紧张、焦虑、强迫思维。

Sc：精神分裂（schizophrenia）——思维混乱、情感淡漠、行为怪异。

Ma：轻躁狂（hypomania）——联想过多过快、观念飘忽、夸大而情绪激昂、情感多变。

Si：社会内向（social introversion）——高分者内向、胆小、退缩、不善交际、屈服、紧张、固执及自罪；低分者外向、爱交际、富于表现、好攻击、冲动、任性、做作、在社会关系中不真诚。

（二）4 个效度量表

Q：疑问量表（question）：没有回答的题数和对“是”和“否”都做反应的题数。如果在前面 399 题中原始分超过 22 分，566 题原始分超过 30 分，则说明被测试者对问卷的回答不可信。高得分者表示逃避现实。

L：说谎量表（lie）：是追求尽善尽美的回答。L 量表原始分超过 10 分，结果不可信。

F：诈病量表（frequency）：高分表示受测者不认真、理解错误，表现一组无关的症状，或在伪装疾病。F 量表是精神病程度的良好指标，其得分越高暗示着精神病程度越重。

K：校正量表（correction）：一是判断被试对测验的态度是否隐瞒或防卫；二是修正临床量表的得分。

四、实验讨论

1. 如何根据相应理论来解释所得结果。
2. 施测过程中应该注意哪些问题。

第四节　卡特尔 16 种人格因素测试

一、实验目的

雷蒙德·卡特尔 (R. B. Cattell) 受化学元素周期表的启发，用因素分析法对人格特质进行了分析，提出了基于人格特质的一个理论模型。模型分成四层：个别特质和共同特质；表面特质和根源特质；体质特质和环境特质；动力特质、能力特质和气质特质。伴随着卡特尔的人格特质理论，其编制了 16 种人格因素问卷（sixteen personality factor questionaire，简称 16PF）。本实验目的旨在通过实施测验及对所得测验结果的分析过程，使同学们进一步了解本问卷的结构及测试意义。

二、实验步骤

1. 将全班同学分为两组。
2. 两组同学轮流作为主试和被试，进行问卷的施测、计分及结果分析。

三、实验结果

十六种人格因素以及八种次级因素的含义如下：

因素 A——乐群性：低分特征：缄默，孤独，冷漠。高分特征：外向，热情，乐群。

因素 B——聪慧性：低分特征：思想迟钝，学识浅薄，抽象思考能力弱。高分特征：聪明，富有才识，善于抽象思考，学习能力强，思考敏捷正确。

因素 C——稳定性：低分特征：情绪激动，易生烦恼，心神动摇不定，易受环境支配。高分特征：情绪稳定而成熟，能面对现实。

因素 E——恃强性：低分特征：谦逊，顺从，通融，恭顺。高分特征：好强，固执，独立，积极。

因素 F——兴奋性：低分特征：严肃，审慎，冷静，寡言。高分特征：轻松、兴奋，随遇而安。

因素 G——有恒性：低分特征：苟且敷衍，缺乏奉公守法的精神。高分特征：有恒负责，做事尽职。

因素 H——敢为性：低分特征：畏怯退缩、缺乏自信心。高分特征：冒险敢为，少有顾忌。

因素 I——敏感性：低分特征：理智的，着重现实，自恃其力。高分特征：敏感，感情用事。

因素 L——怀疑性：低分特征：依赖随和，易与人相处。高分特征：怀疑，刚愎，固执己见。

因素 M——幻想性：低分特征：现实，合乎成规，力求妥善合理。高分特征：幻想的，狂放不羁。

因素 N——世故性：低分特征：坦白，直率，天真。高分特征：精明能干，世故。

因素 O——忧虑性：低分特征：安详，沉着，有自信心。高分特征：忧虑、抑郁，烦恼自扰。

因素 Q1——实验性：低分特征：保守的，尊重传统观念与行为标准。高分特征：自由的，批评激进，不拘泥于现实。

因素 Q2——独立性：低分特征：依赖，随群附众。高分特征：自立自强，当机立断。

因素 Q3——自律性：低分特征：矛盾冲突，不顾大体。高分特征：知己知彼，自律谨严。

因素 Q4——紧张性：低分特征：心平气和，闲散宁静。高分特征：紧张困扰，激动挣扎。

四、实验讨论

1. 如何根据相应理论来解释所得结果。
2. 施测过程中应该注意哪些问题。

第五节　九型人格测试

一、实验目的

九型人格（enneagram），又名性格形态学、九种性格。九型人格不仅仅是一种精妙的性格分析工具，更主要的是为个人修养与自我提升、历练提供深入的洞察力，与当今其他性格分类法不同，九型性格揭示了人们内在最深层的价值观和注意力焦点，它不受表面的外在行为的变化所影响。它可以让人真正地知己知彼，可以帮助人明白自己的个性，从而完全接纳自己的短处、活出自己的长处；可以让人明白其他不同人的个性类型，从而懂得如何与不同的人交往沟通及融洽相处，与别人建立更真挚、和谐的合作伙伴关系。本实验目的旨在通过实施测验及对所得测验结果的分析过程，使同学们进一步了解本问卷的结构及测试意义。

二、实验步骤

1. 将全班同学分为两组。
2. 两组同学轮流作为主试和被试，进行问卷的施测、计分及结果分析。

三、实验结果

九型是婴儿时期人身上的九种气质，包括活跃程度；规律性；主动性；适应性；感兴趣的范围；反应的强度；心境的素质；分心程度；专注力范围 / 持久性。分别考察各位同学九型人格测试的结果。

四、实验讨论

1. 如何根据相应理论来解释所得结果。
2. 施测过程中应该注意哪些问题。

第六节　迈尔斯 – 布里格斯类型指标

一、实验目的

迈尔斯 – 布里格斯类型指标 (Myers-Briggs type indicator ，简称 MBTI) 表征人的性格，是由美国的凯恩琳 · 布里格斯和她的女儿伊莎贝尔 · 布里格斯 · 迈尔斯制定的。该指标以瑞士心理学家荣格划分的 8 种类型为基础，加以扩展，形成四个维度，这四个维度就是四把标尺，每个人的性格都会落在标尺的某个点上，这个点靠近哪个端点，就意味着这个人就有哪方面的偏好。本实验目的旨在通过实施测验及对所得测验结果的分析过程，使同学们进一步了解本问卷的结构及测试意义。

二、实验步骤

1. 将全班同学分为两组。
2. 两组同学轮流作为主试和被试，进行问卷的施测、计分及结果分析。

三、实验结果

（一）外倾 – 内倾

我们以自身为界，可以将世界分为自身以外的世界和自我的世界两个部分，也可称为外部世界和内部世界。外倾的人倾向于将注意力和精力投注在外部世界、外在的人、外在的物、外在的环境等，而内倾的人则相反，较为关注自我的内部状况，如内心情感、思想。两种类型的个体在自己偏好的世界里会感觉自在、充满活力，而到相反的世界里则会不安、疲惫。

（二）感觉 – 直觉

面对同样的情景，两者的注意中心不同，依赖的信息通道也不同。感觉型的人关注的是事实本身，注重细节，而直觉型的人注重的是基于事实的含义、关系和结论；感觉型的人信赖五官听到、看到、闻到、感觉到、尝到的实实在在、有形有据的事实和信息，而直觉型的人注重“第六感觉”，注重“弦外之音”，直觉型的人的许多结论在感觉型的人眼里，也许是飘忽的，不实在的。注重细节的结果是感觉型的人擅长记忆大量事实与材料，他们有时候像本“词典”，能清晰地讲出大量的数据、人名、概念乃至定义，常使其他人感到吃惊。而直觉型的更擅长解释事实，捕捉零星的信息，分析事情的发展趋向。感觉型的人对待任务，习惯于按照规则、手册办事，而直觉型的人，习惯尝试，跟着感觉走，他不习惯仔细地看完一大本说明书再动手；感觉型习惯于固守现实，享受现实，使用已有的技能，直觉型的人更习惯变化、突破现实。

（三）思维 – 情感

这是从做决策的方式来看。两类人都有理性思考的成分，但做决定或下结论的主要依据不一样。情感型的人常从自我的价值观念出发，变通地贯彻规章制度，做出一些自己认定是对的决策，比较关注决策可能给他人带来的情绪体验，人情味较浓。思维型的人则比较注重依据客观事实的分析，一以贯之、一视同仁地贯彻规章制度，不太习惯根据人情因素变通，哪怕做出的决定并不令人舒服。

（四）判断－知觉

这是从喜好的生活方式来看，如果我们看看人们的办公桌上、包内或柜子里摆放的物品，可以发现，有些人经常是井然有序，而有些人就不那么习惯于保持整齐，前者是判断型具有的特征，后者是知觉型的人经常有的状态。不仅如此，在处事方式上，判断型的人目的性较强，一板一眼，他们喜欢有计划、有条理的世界，更愿意以比较有序的方式生活。知觉型的人好奇性、适宜性强，他们会不断关注新的信息，喜欢变化，也会考虑许多可能的变化因素，更愿意以比较灵活、随意、开放的方式生活。在做决策时，判断型的人较为果断，而知觉型的人总希望获得更多信息后再决断。逛了两天商场，还决定不了买什么的人，多半是知觉型的。

四、实验讨论

1. 如何根据相应理论来解释所得结果。
2. 施测过程中应该注意哪些问题。

（李　玮）

第十章　心理咨询与治疗实践指导

通过六个实践项目，分别从专业形象基础素质训练、人本主义心理咨询与治疗技能训练、行为主义心理咨询与治疗技能训练、认知理论的心理咨询与治疗技能训练四个方面以循序渐进的模式对心理学专业的学生进行知识技能培训，并使用摄像编辑系统进行咨询场景模拟，以小组的形式进行讨论。引导学生在讨论中找出引起来访者心理问题的原因、分析问题的症结，并能发现自身咨询技能存在的不足，进而帮助来访者找到解决问题的对策、摆脱困境，以恢复心理平衡、提高对环境的适应能力，增进身心健康。

专业形象基础素质训练：①表情训练。人本主义心理咨询与治疗技能训练；②具体化技术；③面质技术。行为主义心理咨询与治疗技能训练；④系统脱敏疗法；⑤强化疗法。认知理论的心理咨询与治疗技能训练；⑥ Ellis 的合理情绪疗法。

实践 1　表情训练

一、实践目的

表情作为人际交往的工具，是在外部环境和内心机制的双重作用下，通过面部肌肉来表达情意、感染他人的一种信息传递手段，它以最灵敏的特点把喜怒哀乐等思想感情充分表现出来。通过语言专家的测定，我们知道在人际交往的过程中，人们可接受的信息效果，只有 45% 来自有声语言，而其他的 55% 来自无声的体态语言；而在体态语言中，又有 70% 来自表情。日常生活中，人们在表达自己的感情时会出现“面”不达意的现象，从而不确定对方是否能准确解读自己的内心情感，但对于心理咨询人员，如果不能对自己的面部表情进行正确的控制，以及对他人的面部表情进行准确的识别，将对咨询造成延误，亦不能更及时有效的帮助来访者。心理咨询人员需要专业的表情训练。在教学过程中，通过训练要求学生达到准备表达和识别面部表情的目标。

二、实践方法

分组训练法。

三、实践设备或环境

器材：镜子、摄像编辑系统。

四、实践步骤或过程

（一）认识自己的面部表情

内容：认识自己在未训练之前各种基本表情所表达的人文信息。

方法与步骤：

1. 对着镜子，选择自己在喜、怒、哀、乐、惧等五个方面具有代表性的表情脸谱进行表演。每种表情均需要反复练习，以自以为能够准确选择为止。

2. 面对摄像系统，录制自己的五种表情脸谱。

3. 小组成员观看，反馈对演示者表情的理解，并提出修改意见。

4. 对照小组成员的理解和修改意见，对着镜子进行改进和训练。可以由小组成员给予帮助。

5. 再由摄像系统拍摄矫正后的表情脸谱。

6. 注意体验表情肌肉的状态，并巩固下来。日常生活中要保持留意和应用。

（二）特定面部表情训练

内容：对常见的微笑、喜悦、忧虑、愠怒、惊讶、悲伤等，进行认识和训练。

方法和步骤：

1. 对着镜子，分别酝酿上述心情，选择自己在微笑、喜悦、忧虑、愠怒、惊讶、悲伤等六个方面具有代表性的表情脸谱。无法表达的人，需要反复练习，以自以为能够准确选择为止。

2. 面对摄像系统，录制自己上述的六种表情脸谱。

3. 小组成员观看，反馈对演示者表情的理解，并提出修改意见。

4. 对照小组成员的理解和修改意见，对着镜子进行改进和训练。可以由小组成员给予帮助。感觉有明显进步后，可以进入下一环节。

5. 再由摄像系统拍摄矫正后的表情脸谱。

6. 在单人镜子训练时要特别注意和体验表情肌肉的状态，并巩固下来。日常生活中要保持留意和应用。

（三）面部情达意、意传情训练

内容：在模拟情境中，就咨询与治疗过程常用的表情，比如关心、理解、赞许、同情、疑义、异议等进行学习和训练。

方法和步骤：

1. 运用上述训练的技巧，酝酿自己的相应的心情，首先对着镜子，就关心、理解、赞许、同情、疑义、异议等表情进行尝试练习。

2. 小组成员模拟来访者说一段情节，由学生做出关心、理解、赞许、同情、疑义、异议等六种表情，用摄像系统拍摄下来。

3. 小组讨论，提出反馈意见和改进的建议。

4. 单人对着镜子进行训练，感觉有明显进步后，可以进入下一环节。

5. 小组成员再次模拟来访者说另一段情节，由学生做出关心、理解、赞许、同情、疑义、异议等六种表情，用摄像系统拍摄下来。

五、实践结果

咨询人员通过训练更好掌握应用表情表达技巧，能做到体察入微，研究和分析各种面部表情的特点和细致差别，准确地“读”懂它们，并由此预测问题或事件的发展趋势、评估其结果，对各种现象能深刻感知并能对各种时态做出迅速、准确的判断。

六、讨论

对以下内容进行分析：①自己原来面部表情的特点，存在哪些不足；②如何进行矫正，有何感受和体会；③前后表情有何不同，如何进一步改进，如何巩固，如何应用。

实践二　具体化技术

一、实践目的

具体化技术也称为具体性技术、澄清技术，是指求助者在咨询过程中陈述的内容如有含糊不清的地方，主要包括问题模糊不清、过分概括化、概念不清这三个方面的问题，咨询员以“何人、何时、何地、有何感觉、有何想法、发生什么事、如何发生”等问题，协助求助者更清楚地表达自己的思想、感情和事件，使求助者对原陈述的问题产生顿悟以改善其状态。同时亦能使咨询员更清晰地决定咨询方向。在教学过程中要求学生达到掌握具体化技术的基本技巧，懂得利用具体化技术，协助当事人了解和解决问题的目标。

二、实践方法

分组训练法：

1. 一人念题目，小组成员依次提出自己的答案，并阐述自己的答题理由。

2. 小组成员共同讨论、评议每个成员的答案，并优选出 2～3 个答案。

3. 分要点小结本技术的回答要领。

三、实践设备或环境

1. 器材：摄像编辑系统。

2. 情境：来访者叙述含糊不清，出现问题模糊不清、过分概括化、概念不清三种情形的一种或几种时，皆可使用具体化技术对问题进行深入探讨。

四、实践步骤或过程

实践采取分组训练的模式按步骤进行：

（一）实践步骤

1. 两人一组，一人扮演咨询员，另一人扮演当事人，使用具体化技术模拟咨询，并且全程录音录像。

2. 角色互换，重复以上步骤。

3. 20 分钟后，两人分析录音录像资料，讨论咨询员的具体化技术是否正确。并评估咨询员扮演者表情、姿势、语气语调的合理性。

（二）注意事项

1. 咨询员必须专注与倾听当事人的叙述。

2. 有时候必须搭配其他技术。

3. 咨询员可以选择关键性的部分。

4. 具体化的问题应尽量放在当事人身上。

5. 确定主题或目标之后，咨询员必须围绕咨询主题或者咨询目标。

（三）实践题目

1. 问题情境　来访者认为自己的主管精神不正常，行事霸道、思想扭曲，常常强迫他跟其他同事做一些莫名其妙的事，大家有说不完的愤恨。糟糕的是，办公室中有一位女同事也是精神不正常者，除了过度自大、脾气暴躁、漫天谎话外，还喜欢向主任打小报告，跟主任同流合污。有一天，来访者在办公室骂主任，不知道她躲在暗处偷听。她走出去办公室没几分钟，主任就来找来访者算账。

来访者：我周围都是一群精神不正常的人，他们的存在让我每天的生活都感到疲惫不堪、没有乐趣，这样的生活实在是让我无法再继续忍受！

咨询员：

2. 问题情境　来访者认定同部门的一名同事是依靠其能力成功进入公司，并在其帮助下一路从小职员成功晋升到公司主管。但自从跟他平起平坐后，竟然对其摆架子，而且为了排挤他四处造谣生非，存心陷害他。

来访者：这个社会上竟然有这种没有道德良心的人，这种人不被打入十八层地狱的话，这个世界哪有公理存在。

咨询员：

3. 问题情境　当事人早晨上班去，骑车太快与另一辆车相撞；由于迟到，被主任叫去谈话，并处扣发奖金 100 元的决定；中午排队买大排，白白排了 10 分钟的队，快轮自己时正好卖完了，而所有的菜中，当事人最喜欢的就是大排，恨得差一点中饭都没吃。

来访者：我总觉得，好事没我份，倒霉事尽让我碰了，别人怎么都没这些事。

咨询员：

4. 问题情境　来访者虽长期单身但并不习惯孤独的感觉。每逢过年过节，看到别人成双入对，嬉笑玩乐，而自己却一个人窝在冷清的家中，对着电视发呆，失落和孤独感油然而生。可是，一想到进入婚姻，又觉得枷锁加身，自由尽失，恐怕呼天喊地，也无人解救。

来访者：对于婚姻，我是既爱又怕。我是不是精神分裂？

咨询员：

5. 问题情境　来访者最近从镜中看到自己白发丛生，满脸皱纹。由于年龄问题，在干部调整事项中也没有得到重用，而周围的同事都在忙自己的事情，无暇顾及来访者情绪的变化。

来访者：我觉得自己最近狼狈不堪，大家肯定都会瞧不起我的。

咨询员：

五、实践结果

当事人描述自己的问题时，可能会因为自尊、面子、过去痛苦经验或其他原因，只提取某一部分对自己有利的信息，因而描述的内容模糊不清。咨询员以“何人、何时、何地、有何感觉、有何想法、发生什么事、如何发生”等问题，协助当事人更清楚、更具体地描述其问题。咨询员的具体化技术，可以触动当事人的信息处理过程，鼓励当事人从传记知识库中提取更多客观的信息。

六、讨论

咨询员的具体化技术，可以有效促进当事人的信息处理过程，鼓励当事人从传记知识库中提取更多客观的信息，正确认知事件及处理人际关系。

实践三　面质技术

一、实践目的

面质又称质疑、对质、对峙、对抗、正视现实等，是指咨询师发现求助者语言与非语言行为不一致，逃避面对自己的感觉与想法、语言行为前后矛盾，不知善用资源，未觉察自己的限制等行为时，指出求助者矛盾、不一致的地方，协助求助者对问题有进一步的了解。其意义不在于否定对方，贬低对方，教训对方，而在于开启对方，激励对方，使对方学会辩证地看待当前所面临的问题。面质是个体心理咨询技术之影响性技术之一，在教学过程中要求学生达到掌握面质技术的基本技巧，懂得利用面质技术，协助求助者觉察和探讨不一致的地方，进一步了解其优点、缺点、资源与不足并看到妨碍求助者与他人权益行为的目标。

二、实践方法

分组训练法。

三、实践设备或环境

器材：摄像编辑系统。

四、实践步骤或过程

（一）实践步骤

1. 每人预先准备一个案例，相互不能预先沟通，进入训练现场。

2. 两人一组，一人扮演咨询员，另一人扮演当事人，咨询员对当事人咨询时，使用面质技术与以前学的技术，并且全程录音录像。

3. 两人分析录音录像资料，讨论咨询员的面质技术是否正确。评估咨询员扮演者表情、姿势、语气语调的合理性。

4. 角色互换，重复以上步骤。

（二）适用时机

1. 当事人在行为、认知、情绪上相互矛盾时。

2. 当事人的行为可能危害到自己或他人的利益时。

3. 当事人使用防卫策略时。

4. 当事人不知善用资源时。

5. 当事人未觉察到自己的限制时。

（三）注意事项

1. 咨询员与当事人有良好咨询关系后，才可以使用面质技术。

2. 咨询员不要因为担心使用面质技术会伤害当事人及破坏咨询关系，而在该使用时不愿意使用，以至于错失良机。

3. 咨询员不可借着面质技术来表达自己对当事人的负面情绪，或借此机会惩罚当事人。

4. 咨询员使用面质技术时，必须依据当事人实际呈现的矛盾来面质，而非出自于咨询员的推论与猜测。

（四）实践题目

1. 当事人　有什么稀罕，分手就分手。他也不替我想想看，我们在一起 10 年了，当时我才 25 岁。如今我已经 35 岁了，他才觉得我们个性不合，要跟我分手。我就不相信没有他，我就找不到人嫁。我相信我还有本钱，还有人爱（声音发抖，音量减弱）。

咨询员：

2. 当事人　（暑假只剩下一星期，而当事人的暑假作业都没写，包括 60 天的日记）那些作业有什么困难呢？如果我想写的话，很快就可以完成。还有时间，干吗那么早写完，那太没有个性了。我计划最后两天，把握一分一秒，把作业赶完。我不是没有计划，其实我早就计划好了。

咨询员：

3. 当事人　我已经打算跟我的老板同归于尽。我没有办法忍受他的挑剔和侮辱。虽然我的职务很小，可是我毕竟是个人，我有人格，我不是畜生，他不该这样对待我。如果不是为了我太太跟孩子，我不必忍受到现在。当我决定跟他同归于尽后，我感觉轻松多了，毕竟我可以为自己出一口气。

咨询员：

4. 当事人　因为我生长在非常传统的家庭，所以我的个性非常保守。我的父母很注重我的道德教育，我也从来没有让他们失望过。我不是故意要抢人家的丈夫，只是因为我过够了贫穷的生活，害怕吃苦。我先生家财万贯，住的是高楼大厦，吃的是山珍海味，穿的是绫罗绸缎，谁不羡慕。如果不是小时候我家太穷了，我也不会这样。

咨询员：

5. 当事人　我才不管别人怎么想，只要我喜欢有什么不可以。我的前途我自己负责，我又没有要我父母、我的老师负责，他们有什么权利管我；能不能毕业是我的事，他们操什么心。说到学校的老师，我就一肚子气，我喜欢什么时候来上课，就什么时候来上课。反正学费是我缴的，他们有什么资格管我。这间不让我读，那我就换别间，只要我愿意缴学费，就不怕没有学校可以读。

咨询员：

五、实践结果

正确使用面质技术可以实现以下效果：①有利于澄清来访者情感、观念以及行为上的矛盾，使咨询者把握来访者的真实感受；②有利于来访者认识自己对人、事的理解和要求与现实的差距，促使其自我思考，勇敢面对现实，从而改变原有的行为或认知。③有利于来访者认识到自己认知方式与思维方法的误区，消除其认知方式中的某些片面性与主观性。

六、讨论

来访者存在防卫心理或者对自己的情感、观念认识比较模糊以及在认知方式与思维方法上的误区的情况下，正确应用面质，能使其意识到自身的问题所在，从而加以改善。

实践四　系统脱敏疗法

一、实践目的

系统脱敏疗法（systematic desensitization）为临床上常用的行为治疗技术，是按一定的治疗程序诱导患者缓慢地暴露出导致焦虑、害怕及其他强烈情绪反应的情境，并通过心理放松来对抗这种情绪状态，从而达到逐渐消除不良情绪的目的。WolPe 认为，一个不良反应常常是由某种特定的刺激引起的，如果用一定的刺激诱发出一个正常的反应，那么原来的不良反应便会被抑制。因为正常反应与不良反应是互不相容的，随着正常反应的不断强化就会削弱某特定刺激与不良反应之间的联系。系统脱敏疗法适应于各种因刺激而产生不良情绪有关的行为或活动，恐怖症、焦虑症的疗效显著。在教学过程中要求学生达到掌握系统脱敏疗法的基本步骤，正确制定脱敏等级，懂得把握脱敏进度和疗效的目标。

二、实践方法

分组训练法。

三、实践设备或环境

1. 环境：专用心理治疗室。
2. 器材：专用沙发或者高靠背坐椅，医疗用床。

四、实践步骤或过程

（一）依照系统脱敏疗法的基本原理，向患者解释治疗的原理及疗效，树立患者的治疗信心，取得患者的支持与配合。

（二）建立恐怖或焦虑的等级层次

1. 评定主观不适单位　找出所有使患者感到恐怖或焦虑的事件，并报告出对每一事件他所感到的恐惧或焦虑程度。这种对某一事件的恐怖或焦虑程度就称为主观不适单位（subjective unit of disturbance，简称 SUD），通常可分为五分制、十分制或百分制予以评定。以五分制为例，情绪极度恐怖或焦虑时评最高分 5 分，心情平静没有恐怖或焦虑感时评 0 分。两者之间各种不同的情绪状态，按其主观不适程度可评为 4、3、2、1 分。治疗者应与患者充分沟通，使其懂得这种评分标准，并对自己的主观感觉做出恰当的评定。

2. 设计不适层次表　找出患者恐怖或焦虑事件的等级程度，并详细记录下来，然后按 SUD 由小到大的顺序排列成表。不适层次表可由同一刺激原的不同程度构成，如场所恐怖症刘某的不适层次表（表 10–1）。

临床上患者的主观不适的刺激因素，有时是多种刺激原并存，此时应按主观不适程度予以归类，选择具有代表性的刺激原依次排列，并注意以下几点：①应详细了解病史，对患者认为最常见、最重要的刺激因素不可疏漏；②不适层次表的设计应得到患者的认同；③检查不适层次表中的项目和次序，各层次之间的级差要均匀且适中，级差过大过小都不利于治疗的顺利进行。

表 10-1 刘某的不适层次表

一层地下室	0	SUD	父母	0	SUD
二层地下室	1	SUD	女同事	1	SUD
三层地下室	2	SUD	男同事	2	SUD
四层地下室	3	SUD	公司领导	3	SUD
五层地下室	4	SUD	男友	4	SUD
六层以下	5	SUD	男友的父母	5	SUD

（三）放松训练

在一个安静、光线柔和、舒适的房间，让患者坐靠在沙发或靠背椅子上，双臂放于扶手上，呈随意舒适状态。按照放松疗法的放松程序，放松患者的肌肉和情绪。治疗者在训练时，说话声音要低沉、轻柔、安详、愉快、清楚、准确，也可以使用事先录制好的放松训练磁带。

放松训练，每次需 20～30 分钟，每日或隔日 1 次。一般需 6～8 次的练习才能学会放松。训练应持之以恒，反复进行，除在治疗者的指导下进行训练外，还应让其在家中练习。最终使患者在现实环境中能随意放松，运用自如。

（四）分级脱敏练习

在完成以上治疗程序之后，即进入系统脱敏练习。系统脱敏疗法要求患者在完全松弛的状态下进行，并按以下步骤进行：

1. 想象脱敏训练　让患者在肌肉松弛的状态下，从最低层次开始，想象引起恐怖或焦虑的情境，并用手指示意主观不适单位。如果在想象恐怖或焦虑情境时，肌肉可保持松弛、并且没有引起恐怖或焦虑，就进入较高一层次的想象。如果在想象时出现恐怖或焦虑的情绪时应尽量忍耐，不允许有回避或停止行为产生，并同时进行肌肉放松训练予以对抗，直至达到最高层次的恐怖或焦虑事件的情景，也不引起惊恐反应或反应轻微且能忍受为止。

2. 实地适应训练　在实施了想象脱敏训练之后，实地适应训练也是治疗的关键步骤，应从最低级到最高级，循序渐进逐级训练，最终完全达到平静地对待恐怖或焦虑情境。

五、实践结果

系统脱敏法就是通过一系列步骤，按照刺激强度由弱到强，由小到大逐渐训练心理的承受力、忍耐力，增强适应力，从而达到最后对真实体验不产生“过敏”反应，保持身心的正常或接近正常状态。

六、讨论

系统脱敏法的关键是确定引起过激反应的事件或物体。但有时较容易看到的过激反应事件并不一定是真正引发心理障碍的原因，所以应找到真正的致病原因，标本兼治。

实践五　强化疗法

一、实践目的

强化疗法又称操作性行为疗法，是指应用各种强化手段以增加某些适应性行为，减弱或消除某些不良行为的心理治疗方法。常用的强化治疗技术有代币强化技术、消退技术、正强化技术等。强化疗法是建立在操作学习的理论基础之上。操作学习理论认为，个体活动的结果会影响其今后行为发生的频率，如果活动的结果是积极的（即个体获得了奖励），就会形成条件反射，该行为在以后还会发生；如果活动的结果是消极的（即个体受到了惩罚），就会产生消退作用，个体在以后就不会再出现这种行为。因此，治疗者可通过强化手段，来增加适应性行为，减少或消除不良行为，从而达到治疗的目的。在教学过程中要求学生达到掌握强化疗法的基本要求和基本原理，掌握各种强化治疗技术的基本要领，培养强化疗法的实践技能的目标。

二、实践方法

讲解学习演练法。

三、实践设备或环境

环境：专用心理治疗室。

四、实践步骤或过程

（一）代币强化技术

代币强化技术又称代金券制，是正性强化技术的一种。它是利用代币强化刺激，以矫正不良行为、建立适应性行为的治疗技术。代币强化技术采用了条件强化的作用。即原来不具有强化作用的刺激，一旦与其他强化物适当配合，就会获得强化的力量。代币指的是可以在某一范围内兑换物品的证券，它可以有各种不同的形式，如小红旗、购物券等。

代币强化技术的治疗要点，首先要让患者明确需要改善或建立的新行为。如规定每天早上起床的时间，每日参加工作娱乐的情况，不能向别人发脾气等。然后向患者说明如果表现出这些期待的行为，就可以得到奖赏，并以代币的形式出现；如果没有表现出所期待的行为，则代币不出现或扣除一定量的代币。代币强化技术既方便，又实用，应用范围较广，如具有行为问题的各种类型的精神病患者，精神发育迟滞患者，学校、监狱、军队人员的管理，吸毒、酗酒及药物依赖者，控制孩子行为问题，调解夫妇关系不和睦以及减少旷工和提高工作绩效的各种工作场合等。使用代币强化技术，甚至对一些慢性精神患者也有一定的疗效。

（二）消退技术

消退技术是指停止对个体某种行为的强化，从而使该行为逐渐消失的一种行为治疗技术。即在一定的情境下，如果个体做出以前被强化的行为反应，而这个行为反应没有得到及时的强化，那么个体在下次遇到相似的情境时，就较少出现或逐渐停止这种行为反应。

消退技术的理论假设是：任何行为反应的产生都是强化的结果，强化可产生一种新的行为，不强化就会消退一种已经产生的旧行为。在日常生活中注意也是一种强化，很多不良行为就是由于受到了注意而加强的。因此，要消除这些不良行为，只要在该行为出现时不给予注意，就能使之逐渐消失。下面以常见的消退实例加以说明。

消退实例一：

1. 情境：晚上，一个孩子躺在床上，这时，父母在会客室与客人谈话。
2. 行为反应：孩子躺在床上开始大声学动物的叫喊。
3. 即时结果：父母和客人根本不理他，继续小声谈话。

4. 长期效应：以后再遇到类似的情况，孩子可能较少再大声学动物的叫喊。

消退实例二：

1. 情境：一天晚上，父母和孩子在餐桌上吃晚饭，孩子刚吃完主食。

2. 行为反应：孩子高举空盘，大声喊叫："甜点心，甜点心"！

3. 即时结果：父母继续谈话，不理睬孩子的大声要求。孩子安静地坐了一会儿之后，母亲端上了甜点心。

4. 长期效应：将来，在相同的情况下，孩子吃完主食后，大声要求甜点心的行为可能较少发生，而安静坐着等候甜点心。

以上实例说明，在现实生活中，如果一些行为没有得到强化或关注，那么这些行为出现的次数就会明显减少直至最后消失。

临床上也可运用消退技术对精神病患者的妄想症状进行辅助治疗。

（三）正强化技术

正强化技术又称阳性强化法，是指采用奖赏的办法，建立适应性行为的治疗技术。具有奖励效应的强化物称为正强化物，如食物、娱乐活动、旅游、社交、鼓励、赞扬等。采用正强化技术应注意以下几点：①选择适当的目标行为，即具体确定要强化的行为；②根据患者的情况，选择适当强化物；③目标行为一旦出现，应及时给予强化；④在行为建立和形成阶段，也可采用间隔或部分强化程序，使目标行为逐渐固定。

强化实例：

1. 情境：老师让三年级学生完成布置的作业。

2. 行为反应：经常很不守纪律的苏珊安静地坐在桌前，认真做功课。

3. 即时结果：老师走到苏珊跟前，轻轻地拍拍她的肩膀。

4. 长期效应：将来，苏珊更可能在教室里完成她的课堂作业。

（四）分组练习

学生分小组按三种类型进行举例练习。

五、实践结果

强化可以改变求助者的不良行为，建立积极健康的行为模式。

六、讨论

强化疗法中正强化、负强化、惩罚的区别和联系。

实践六　Ellis 的合理情绪疗法

一、实践目的

合理情绪疗法（rational-emotive therapy，RET）是20世纪50年代由艾利斯（A.Ellis）在美国创立的，是一种旨在通过纯理性分析和逻辑思辨的途径，改变患者的非理性观念，以帮助他解决情绪和行为上的问题的方法。RET相对于认知治疗在对不合理信念的描述以及纠正等方面更有自己的特色。RET理论强调情绪困扰和行为不良都来源于个体的非理性观念，治疗的重点也在于改变这些观念。

ABC 理论是 RET 的核心理论。它是艾利斯关于非理性思维导致情绪障碍和神经症的主要理论。其主要观点是强调情绪或不良行为并非由外部诱发事件本身所引起，而是由于个体对这些事件的评价和解释造成的。在 ABC 理论中，A 代表诱发性事件（activating events）；B 代表个体对这一事件的看法、解释和评价，即信念（beliefs）；C 代表即这一事件后，个体的情绪反应和行为结果（consequences）。通常人们会认为，人的情绪及行为反应 C 是由诱发性事件 A 直接引起的，ABC 理论则指出，诱发性事件 A 只是引起情绪及行为反应 C 的间接原因，而人们对诱发性事件所持的信念、看法、解释即信念 B，才是引起人的情绪及行为反应 C 的更直接的原因。

在教学过程中要求学生达到掌握 Ellis 的合理情绪疗法的基本要领，尤其与不合理信念进行辩论的目标。

二、实践方法

分组训练法：

1. 讲述艾利斯临床观察中总结出的导致神经症的 11 类不合理信念。
2. 对 A、B、C、D、E 五大要素进行细致讲解，并要求学生进行案例分析，分别确定。
3. 分组练习，与不合理信念进行辩驳并进行合理情绪想象，记录和角色互换。
4. 学习合理情绪想象技术。

三、实践设备或环境

专用心理治疗室、摄像编辑系统。

四、实践步骤或过程

（一）非理性观念及其特征

1. 每个人绝对要获得周围环境的人，尤其是每一位生活中重要人物的喜爱和赞许。这个观念实际上是个假象，是不可能实现的事。因为在一个人的一生中，不可能得到所有人的认同，即便是父母、老师等对自己很重要的人，也不可能永远对自己持一种绝对喜爱和赞许的态度。因此如果某人坚持这样的信念，他就可能千辛万苦，委曲求全来取悦他人，以获得每个人的欣赏；但结果必定会使他感到失望、沮丧和受挫。

2. 个人是否有价值，完全在于他是否是个全能的人，即能在人生中的每个环节和方面都能有所成就。这也是一个无法永远达到的目标，因为世界上根本没有一个十全十美、永远成功的人。一个人可能在某些事上较他人有优势，但在另外一些事上，他却可能不如别人。虽然他以前有过许多成功的境遇，但他无法保证在每一件事上都能成功。因此，若某人坚持这种信念，他就会为自己永远无法实现的目标而徒自伤悲。

3. 世界上有些人很邪恶，但可憎，所以应该对他们做严厉地谴责和惩罚。世上既然没有完人，也就没有绝对的区分对与错、好与坏的标准。每个人都可能会犯错误，但仅凭责备和惩罚则于事无补。人偶然犯错误是不可避免的。因此，不应因一时的错误就将他们视为“坏人”，以致对他们产生极端排斥和歧视。

4. 如果事情非己所愿，那将是一件可怕的事情。人不可能永远成功，生活和事业上的挫折是很自然的事情，如果一经遭受挫折便感到可怕，那就会导致情绪困扰，也可能使事情更加恶化。

5. 不愉快的事总是由于外在环境的因素，不是自己所能控制和支配的，因此人对自身的痛苦和困扰也无法控制和改变。外在因素会对个人有一定影响，但实际上并不是像自己想象的那样可怕和严重。如果能认识到情绪困扰之中也含了自己对外事件的知觉、评价及内容言语的作用等因素，那么外在的力量便可得以控制和改变。

6. 面对现实中的困难和自我所承担的责任是件不容易的事情，倒不如逃避它们。逃避问题虽然可以暂时缓和矛盾，但问题却始终存在而得不到解决，而时间一长，问题也便会恶化或连锁性地产生其他问题和困难，从而更加难以解决，最终会导致更为严重的情绪困扰。

7. 人们要对危险和可怕的事随时地加以警惕，应该非常关心并不断注意其发生的可能性。对危险和可怕的事物有一定的心理准备，应该说这是正确的；但过分的忧虑则是非理性的。因为坚持这种信念只会夸大危险发生的可能性，使人不能对之加以客观评价和有效地去面对这些事情。这种杞人忧天式的观念只会使生活变得沉重和没有生气，导致整日忧心忡忡、焦虑不已。

8. 人必须依赖别人，特别是某些与自己相比强而有力的人，只有这样，才能生活得好些。虽然人在生活中的某些方面要依赖于别人，但过分夸大这种依赖的必要性则可能使自我失去独立性，导致更大的依赖，从而失去学习能力，产生不安全感。

9. 一个人以往的经历和事件常常决定了他目前的行为，而且这种影响是永远难以改变的。已经发生的事实是个人的历史，这的确是无法改变的。但是不能说这些事就会决定一个人的现在和将来。因为事实虽不可改变，但对事件的看法却是可以改变的，从而人们仍可以控制、改变自己以后的生活。

10. 一个人应该关心他人的问题，并为他人的问题而悲伤难过。关心他人，富于同情，这是爱心的表现。但如果过分投入他人的事情，就可能忽视自己的问题，并因此使自己的情绪失去平衡，最终导致没有能力去帮助别人解决问题，却使自己的问题更糟。

11. 对人生中的每个问题，都应有一个唯一正确的答案，如果人找不到这个答案，就会痛苦一生。人生是一个复杂的历程，对任何问题都要寻求完美的解决办法是不可能的事。如果人们坚持要寻求某种完美的答案，那就会使自己感到失望和沮丧。

从以上非理性观念中，可以归纳出相应的非理性思维方式，如：我喜欢如此→我应该如此；很难→没有办法；也许→一定；有时候→总是；某些→所有的；我表现不好→我不好；好像如此→确实如此；到目前为止如此→必然永远如此等等。从中可以看出，许多不合理信念就是将“想要”（want），“希望”（hope）等变成“一定要”，“必须”（must）或“应该”（should）的表现。一个情绪沮丧的人总是坚持他必须要有某事物，而不只是想要或喜欢它而已。因此他便会把这种过度极端化的需求应用到生活的各个方面，尤其是关于成就和获得别人赞赏上，而当他不能满足这种需求时，就容易产生焦虑、自卑、沮丧等情绪；如果他将这种需求应用到他人身上，要求别人应该或必须怎样做时，一旦别人不能符合其意，那么他就会对人产生敌意、愤怒等情绪。

许多学者对上述不合理信念，加以归纳和简化，指出绝对化要求（demandingness），过分概括化（overgeneralization）及糟糕至极（awfulizing）是这些非理性观念的三个主要特征（韦斯勒 R.A.Wessler，1980）。

（二）ABCDE 模型

合理情绪疗法认为，人们的情绪障碍是由人们的不合理信念所致，因此简要地说，这种疗法就是要以理性治疗非理性，帮助求治者以合理的思维方式代替不合理的信念，从而最大限度地减少不合理的信念给情绪带来的不良影响，通过以改变认知为主的治疗方式，来帮助求治者减少或消除他们已有的情绪障碍。其过程如下：

1. 心理诊断　以理解、关注、尊重、同情的态度与患者交谈，努力帮助患者建立自信心，与患者建立良好的工作关系，探索患者所关心的问题，确定其非理性信念，不适当的情绪反应和行为方式。

2. 向求治者指出，哪些思维方式、信念是不合理的；帮助他们弄清楚为什么会变成这样，怎么会发展到目前这样子，讲清楚不合理的信念与他们的情绪困扰之间的关系。这一步可以直接或间接地向求治者介绍 ABC 理论的基本原理。

3. 向求治者指出，他们的情绪困扰之所以延续至今，不是由于早年生活的影响，而是由于现在他们自身所存在的不合理信念所导致的，对于这一点，他们自己应当负责任。

4. 通过以与不合理信念辩论（disputing irrational beliefs）的方法为主的治疗技术，帮助求治者认清其信念的不合理性，进而放弃这些不合理的信念，帮助求治者产生某种认知层次的改变。这是治疗中最重要的一环。

5. 不仅要帮助求治者认清并放弃某些特定的不合理信念，而且要从改变他们常见的不合理信念入手，帮助他们学会以合理的思维方式代替不合理的思维方式，以避免再做不合理信念的牺牲品。

6. 布置家庭作业。就上述治疗过程，以书面方式进行小结，为下次治疗提供治疗方向和治疗重点等方面的信息。

在 RET 治疗的整个过程中，所用的重要方法是对不合理信念（irrational beliefs，iB）加以驳斥和辩论，使之转变为合理的观念（rational Beliefs，rB），最终产生治疗效果。辩论一词的英文字头是 D（disputing），治疗效果的效果一词英文字头是 E（effects），这样，原来的 ABC 理论就可以进一步扩展为 ABCDE 治疗模型。

A：诱发性事件

iB：不合理观念

rB：合理观念

C：（不适应的）情绪和行为的后果

D：对 iB 的辩论

E：效果（通过治疗达到的新的情绪和行为的治疗效果）

练习：

女求助者，40 岁，大学毕业，全职家庭主妇。

主要问题：婚姻冲突。“我对他很好，给他做饭、洗衣服，使他高兴，总之我尽到了一做妻子的责任和义务。可是他呢？他总是不耐烦，甚至不理我，真是伤透了我的心”

（三）与不合理信念辩论技术

在合理情绪疗法的 ABCDE 治疗模型中，最重要的技术是与不合理的信念辩论技术。这种技术的运用，是合理情绪疗法的重点和难点，也是成功实施合理情绪疗法的关键。

与不合理信念辩论技术来源于古希腊哲学家苏格拉底的辩证法，即所谓“产婆术”的辩论技术。苏氏的方法是让来访者说出自己的观点，然后依照其观点进一步推理，最后引出谬误，从而使其认识到自己先前思想中不合理的地方，并主动加以矫正。在 RET 治疗中，这种辩论的方法是指从科学、理性的角度对患者持有的关于他们自己、他人及周围世界的不合理信念和假设进行挑战和质疑，以动摇他们的这些信念（Ellis，1979）。

这种辩论的方法主要是通过治疗者积极主动的提问来进行的。治疗者的提问具有明显的挑战性和质疑性的特点，其内容紧紧围绕着患者信念的非理性特征。例如，针对患者持有的绝对化要求的一类不合理信念，治疗者可以直接提出以下问题："有什么证据表明你必须获得成功（或别人的赞赏？）"；"别人有什么理由必须友好地对待你？"；"事情为什么必须按照你的意志来发展？如果不是这样，那又会怎样？"等等；对于患者的以偏概全的不合理信念，相应的提问可以是："你怎么才能证明你（或别人）是个一无是处的人？"；"毫无价值的含义到底是什么？"；"你能否保证每个人在每件事情上都不出差错？如果他们做不到这一点，那么又有什么理由表明他们就不可救药了？"等等；针对糟糕至极的不合理信念，相应的问题可以是："这件事到底糟糕到什么程度？你能否拿出一个客观数量来说明？"；"如果这件可怕的事发生了，世界会因此灭亡吗？你会因此而死去吗？"；"如果你认为这件事是糟糕至极的话，我可以举出比这还要糟糕十倍的事，你若遇到这些事情，你又会怎样？"；"你怎么证明你真的受不了啦？"等问题。

在上述辩论过程中，当涉及患者对周围的人或环境方面的一些不合理信念时，治疗者可运用"黄金规则"（golden rule）来驳斥患者对别人和周围环境的绝对化要求。所谓黄金规则，就是指"像你希望别人如何对待你那样去对待别人"这样一种理性观念。但是某些患者常常错误地运用了这一规则，他们的观念可能是"我对别人怎样，别人必须对我怎样"或"别人必须喜欢我、接受我"等一些不合理的、绝对化的要求，而他们自己却做不到"必须喜欢别人"。因为当"别人必须喜欢我"这类绝对的要求难以实现时，他们常常会对别人产生愤怒和敌意等情绪——这实际上已经违背了黄金规则，而构成了"反黄金规则"（verse golden rule）。因此，一旦患者接受了黄金规则，他们很快就会发现自己对别人或环境的绝对要求是不合理的。

一般来说，患者并不会简单地放弃自己的信念，他们会寻找各种理由为他们辩解。这就需要治疗者时刻保持清醒、客观、理智的头脑，根据患者的问答一环扣一环，紧紧抓住患者回答中的非理性的内容，通过不断重复的辩论，使对方感到为自己的信念的辩护变得理屈词穷。但是，治疗者还不能满足于此。因为他的角色不仅是个辩论者，也是一个权威的信息提供者和合理生活的指导者。这就是说，通过辩论，治疗者不仅要使患者认识到他的信念是不合理的，也要使他分清什么是合理的信念，什么是不合理的信念，并帮助他学会以合理的信念代替那些不合理的信念。当患者对这些信念有了一定认识后，治疗者要及时给予肯定和鼓励，使他认识到即使某些不希望发生的事真的发生了，他们也能以合理的信念来面对这些现实。

应当注意的是，各种阻力也会在辩论中产生，使辩论显得难以进展或没有效果。出现阻力的原因也在于治疗者和患者两个方面。首先，如果治疗者在辩论时没有结合对方的具体问题，或没有抓住问题的核心，甚至治疗者为博得患者的好感而不直接提出他的非理性之处，或提的问题过于婉转和含蓄，那么他就会使辩论停留于表面形式。因此，治疗者对要辩论的问题一定要有明确的目标，并做到有的放矢；同时，他一定要保持绝对客观化的地位，对患者的不合理信念应针锋相对，不留情面，而不要因害怕遭到对方拒绝而对他的问题姑息迁就。

阻力产生的另一方面的原因在患者本身，主要表现为他对治疗者的辩论和质疑会存有"如果我改变了那么多，那么我就不是我了"或"如果我改变了那些必须、应该的要求，我就会变得平庸，也就没有了前进的动力了。"针对这种情况，治疗者应向患者指出：改变他的不合理观念并不是消除他的动机。每个人都有获得成功的愿望，但如果要求自己必须或应该成功，这就是一个不容易实现的目标，而合理的想法则会使目标更易实现。

与不合理信念的辩论是一种主动性和指导性很强的认知改变技术，它不仅要求治疗者对患者所持有的不合理信念进行主动发问和质疑，也要求治疗者指导或引导患者对这些观念进行积极主动的思考，促使他们对自己的问题深有感触。这样做会使得辩论比患者只是被动地接受治疗者的说教更有成效。

案例分析：

女求助者，30 岁，大学毕业，现任某工厂技术员。主要问题：婚姻冲突。两年前结婚，但婚后不久，发现丈夫对自己漠不关心，不做家务，而且经常夜不归宿，两人感情逐渐出现裂痕。丈夫数次提出离婚，她也想离，但因自己爱面子，怕人议论，又考虑到孩子、住房等问题，一直没有做出最后决定。为此，她一直处于矛盾、冲突、抑郁以及怨恨丈夫的情绪状态中。

（四）合理的情绪想象技术

本技术往往与（二）、（三）技术配合使用。

要求患者在改变自己不良认知方式、改变自己不良价值观念和不良信念中，分小步骤地不断地试图运用想象的手段，设想新方式、新价值观、新人生信念所带来的前景和价值，想象新的方式方法将来所带来的新的生活蓝图，以激励起患者新的生活信心，激发患者良好的心境和向往，从而实现认知与情绪协调发展的治疗目标。

要求患者结合（二）、（三）的技术步骤，同步进行。

该技术的程序是：

1. 使患者在想象中进入他产生过不适当的情绪反应或自感最受不了的情境之中，体验在这种情境下所产生的强烈的情绪反应。

2. 帮助患者改变这种不适当的情绪反应，并体会适度的情绪。

3. 停止想象，让患者讲述他是怎么想的，以至于使情绪发生了变化，根据患者的叙述，强化其合理的信念，纠正其非理性信念。

4. 设想新方式、新价值观、新人生信念所带来的前景和价值，想象新的方式方法将来所带来的新的生活蓝图，然后大声地向治疗者叙述想象的过程和体验。

5. 布置家庭作业。就患者的非理性观念和信念，重复步骤 4，并以书面方式向治疗者报告。

Ellis 的合理情绪疗法（二）、（三）、（四）往往都与家庭作业及决断训练、社交技能训练等行为技术结合起来使用，在临床上取得了良好的治疗效果。

五、实践结果

情绪或不良行为并非由外部诱发事件本身所引起，而是由于个体对这些事件的评价和解释造成的。

六、讨论

合理情绪疗法如何通过纯理性分析和逻辑思辨的途径，改变患者的非理性观念，以帮助他解决情绪和行为上的问题。

（吉宇波）

参考文献

1. Gerald Corey著. 心理咨询与治疗经典案例. 第7版. 谭晨译, 北京：中国轻工业出版社. 2010，4-6.
2. http：//www.hhmi.org./senses/
3. http：//www.illusionworks.com./
4. Jerry M. Burger. 人格心理学. 7版. 陈会昌等译. 北京： 中国轻工业出版社.2012.
5. 北京师范大学心理系, 天津师范大学教科所儿童心理协作组. 关于中小学生识记的实验研究. 天津师大学报, 1983, 4： 41-42.
6. 泊文，约翰.人格手册理论与研究(上下册).黄希庭，译.上海： 华东师范大学出版社，2003.
7. 曾文星, 徐静. 心理治疗：原则与方法. 北京：北京医科大学出版社，2000, 108-115.
8. 车文博. 心理治疗手册. 长春：吉林人民出版社. 1990.
9. 杜娟，陈小苹.测谎实验的原理及应用. 黑龙江教育学院学报，2007，26（4.
10. 郭晓娟，苏彦捷. 心理生理测谎技术的研究与应用. 心理科学，2000，23(6).
11. 郭晓娟，苏彦捷.现代生理心理学实验教材.北京： 北京大学出版社，2006.
12. 郭秀艳. 实验心理学. 北京： 人民教育出版社, 2004.
13. 赫葆源, 张厚粲, 陈舒永, 等. 实验心理学. 北京： 北京大学出版社, 1983.
14. 黄希庭. 心理学实验指导. 北京： 人民教育出版社, 1987. 244-248.
15. 黄希庭. 心理学实验指导. 北京: 人民教育出版社，1987. 108-110.
16. 金盛华.社会心理学.北京： 高等教育出版社.2005.
17. 黎红.工作记忆中双范畴项目的信息提取.北京：北京大学, 1990.
18. 李寿欣, 李传银, 王学臣. 基础心理学实验指导. 济南: 山东人民出版社, 2010.
19. 李寿欣, 李传银. 心理学实验的操作与演示. 青岛： 青岛出版社, 2009.
20. 里赫曼.人格理论.高峰强，译.西安： 陕西师范大学出版社，2005.
21. 梁宁建.现代认知心理学. 上海： 上海教育出版社, 2003.
22. 林崇德. 咨询心理学. 北京：人民教育出版社. 1998，3-5.
23. 马建青. 辅导人生——心理咨询学. 济南：山东教育出版社. 1992.
24. 彭聃龄. 普通心理学. 4版. 北京. 北京师范大学出版社, 2012.
25. 钱铭怡. 心理咨询与心理治疗. 北京：北京大学出版社，1994.
26. 邵志芳.认知心理学——理论、实验和应用. 上海： 上海教育出版社, 2006.
27. 舒尔茨.心理传记学手册. 郑剑红, 译. 广州： 暨南大学出版社, 2011.
28. 斯隆克.人格测评.李剑锋，译.北京： 华夏出版社，2004.
29. 宋官东.传记数据———种心理测量方法.心理科学, 1996.
30. 汤宜朗, 许又新. 心理咨询概论. 贵阳：贵州教育出版社. 1999.
31. 王甦, 汪安圣. 认知心理学.北京：北京大学出版社, 2006.
32. 王甦. 认识过程的反应时实验. 心理学杂志，1987，2(1): 37-42.
33. 肖丹. 心理学基础. 2版. 北京：人民卫生出版社. 2008，114-120.
34. 杨博民. 心理实验纲要. 北京： 北京大学出版社, 1989.

35. 杨治良. 基础实验心理学. 兰州： 甘肃人民出版社, 1988.
36. 阴国恩. 大小、形状、颜色对心理差异量的影响. 第三届华人心理学家学术研讨会论文摘要，1999.10，20.
37. 余国良.社会心理学.北京： 北京师范大学出版社.2003.
38. 赞诺斯.人的类型，身体与性格探索.刘蕴芳，译.北京： 新华出版社，2003.
39. 张人骏, 朱永新, 袁振国. 咨询心理学. 北京：知识出版社, 1987.
40. 张述祖, 沈德立. 基础心理学. 北京： 教育科学出版社，1986. 391-392.
41. 张雪梅. 单、双探测词条件下工作记忆信息提取的范畴效应的实验研究[D]. 北京： 北京大学, 1988.
42. 郑日昌, 孙大强.实用心理测验. 北京： 开明出版社.2013.
43. 郑日昌.心理测量. 长沙： 湖南教育出版社.1987.
44. 郑雪.人格心理学.广州： 暨南大学出版社.2001.